Ein anderes Vietnam

TIM PAGE

Ein anderes Vietnam
Bilder des Krieges von der anderen Seite

HERAUSGEGEBEN VON

DOUG NIVEN UND CHRIS RILEY

MIT EINEM VORWORT VON

HENRY ALLEN

NATIONAL GEOGRAPHIC

Provinz Nam Ha, 1968

Dorfbewohner im Distrikt Thanh Liem in der nördlichen Küstenprovinz verabschieden junge Soldaten, die in den Krieg ziehen. Einige Rekruten waren so arm, dass sie keine Schuhe besaßen, doch »die Armee nahm sie auf, damit sie ihrer Familie Ehre machen konnten«, erinnert sich der Fotograf. »Die Moral dieser jungen Rekruten war sehr hoch.«

MAI NAM

Provinz Vinh Phu,
4. September 1966

Die farbige Grußkarte aus dem Jahr 1967 zeigt einen abgeschossenen amerikanischen F-105-Kampfbomber, der in der Deltaregion des Roten Flusses zur Erde stürzt. Oben rechts sieht man den Piloten, der sich mit dem Fallschirm retten konnte. Das Foto hatte Seltenheitswert, weil es Flugzeug und Pilot zugleich zeigte, und wurde zu einem Symbolbild des Nordens.

MAI NAM

INHALT

Ngang Dua, 1960 Vietcong-Kämpfer bewegen sich durch »Kampflöcher« in verlassenen südvietnamesischen Gebäuden. Die Vietminh hatte die Löcher während ihres Kampfes gegen die Franzosen Anfang der fünfziger Jahre in die Wände geschlagen. Die Löcher hatten eine ähnliche Funktion wie die von Vietminh und Vietcong benutzten Tunnelsysteme. Die Soldaten konnten auf diese Weise ein ganzes Dorf durchqueren, ohne sich zu zeigen.
LE CHAU

GESICHTER AUS DER ZEIT DES KRIEGES

HENRY ALLEN

VORWORT Dieses Buch handelt von Gesichtern – den Gesichtern kommunistischer Vietnamesen, die die Franzosen aus Vietnam vertrieben und Amerikaner töteten, bis wir auf die gleiche Idee kamen, und die danach die antikommunistische Armee der Republik Vietnam vernichteten. Und es handelt davon, wie nordvietnamesische Fotografen diese Gesichter sahen und ihrem Volk präsentierten.

Man sieht Helden, Panzer, Lastwagen, brennende amerikanische Flugzeuge und einen schier endlosen Zug kommunistischer Soldaten, die auf Saigon zumarschieren, bei strahlendem Sonnenschein, vor der wunderschönen asiatischen Landschaft. Viele dieser Bilder haben unzweifelhaft ästhetischen Wert und gehen weit über das hinaus, was die Propaganda verlangte.

In erster Linie sind jedoch Gesichter zu sehen, von denen viele vornehmlich zu Propagandazwecken in die Kamera blicken. Und weil Propaganda in diesem Buch eine wichtige Rolle spielt, gibt es nur wenige Bilder von entmutigten, geschlagenen oder getöteten Vietcong, sieht man einmal von den Fotos toter Kinder ab, die die Unmenschlichkeit des Gegners zeigen sollen. Viele Szenen zeigen das Volk, das sich um seine jungen Soldaten bemüht, das Volk, das Militärfahrzeuge aus dem Schlamm zieht, das Volk, wie es mit jener Entschlossenheit, die es als einzige Waffe gegen die amerikanischen Bomben besaß, neue Brücken baut. Es mangelt auch nicht an bewaffneten Partisaninnen mit dem entschlossenen Blick russischer Lenin-Statuen, die weit über den Horizont in die Ferne blicken. Auch Jane Fonda, die sich gegen den Vietnamkrieg engagierte, ist selbstverständlich vertreten.

Wirklich verstehen kann man die Bilder nur, wenn man sich für die fremde Kultur und den anderen Blickwinkel hinter der Propagandakulisse interessiert. Im Unterschied zu den typischen Fotos von amerikanischen Soldaten, die selbst dann oft noch einsam wirken, wenn sie den Arm um die Schultern eines Kameraden gelegt haben, sind die Vietnamesen auf ihren Bildern niemals allein. Für heimwehkranke Cowboys war in der Vorstellung der Vietnamesen ebenso wenig Platz wie für Ironie.

Nur selten erlebten wir die vietnamesischen Kämpfer so, wie sie hier präsentiert werden. Manchmal erspähten wir sie auf einem Pfad, hinter Büschen oder wenn sie im Schein von Leuchtfeuern, die den Nachthimmel in weiß glühendes Licht tauchten, Schutz suchten.

Abgesehen von einer kurzen absurden Begegnung, die ich einmal hatte, nahmen wir die Gesichter der Vietnamesen erst wahr, wenn wir sie getötet oder gefangen hatten. Dann aber sahen sie ganz anders aus als in Wirklichkeit. Tote sind nun einmal tot – in gewisser Weise wirken sie alle gleichermaßen starr und anachronistisch. Und die gedemütigten Gesichter von Gefangenen – ganz gleich, ob es sich um Vietnamesen, Amerikaner oder andere Menschen zu anderen Zeiten handelt – haben ebenfalls viel von ihrer Individualität verloren.

Jedenfalls sahen wir sie nie so, wie sie wirklich waren oder wie sie sich ihren Landsleuten und Führern darstellen wollten – als jene neuen Menschen nämlich, die den von Marx prophezeiten Sieg des Proletariats fest vor Augen hatten, und als Patrioten, die fremde Eindringlinge aus ihrem Land vertrieben, genauso wie es Vietnamesen seit Jahrtausenden versucht hatten. (Eines Tages fand ich ein Flugblatt des Vietcong. Darauf stand in englischer und vietnamesischer Sprache zu lesen: »Sobald Fremde in unser Land kommen, herrscht Krieg. Wenn sie unser Land verlassen, herrscht Frieden.« Nachdem ich mich mit der vietnamesischen Geschichte befasst hatte, musste ich dem zustimmen.)

Ich stellte mir ihre Gesichter immer zugleich durchtrieben, pathetisch und dumm vor, denn ich hielt sie allesamt entweder für irregeleitete Nationalisten oder für Handlanger ihrer kommunistischen Seelenfänger. Ich glaubte, wenn wir sie nach der typisch amerikanischen Methode mit Zuckerbrot und Peitsche behandelten, würden sie sich früher oder später für unsere Autos und Telefone begeistern, zu uns überlaufen und uns vielleicht sogar in einer Fernsehshow vor Millionenpublikum vorführen, wie sie als Partisanen feindlichen Stacheldraht durchtrennt hatten.

Das war im Jahre 1966. Ich war als Marinesoldat in Chu Lai an der Küste südlich von Da Nang stationiert und hatte die Aufgabe, Mehl, Zement, Wellblech, Fischereigerät und Medikamente an die Menschen zu verteilen. Wir gingen davon aus, dass wir sie, wenn sie sich erst einmal für die westlichen Errungenschaften begeistert hätten, mit Leichtigkeit auf unsere Seite ziehen würden. Das Ganze schien mühelos zu klappen. Warum hätten die Vietcong-Kämpfer auch ausgerechnet diejenigen Amerikaner töten sollen, die Säcke voll mildtätiger Gaben an sie verteilten?

Natürlich gab keiner von ihnen zu, dass er zum Vietcong gehörte, und auf ihre ruhige Art mit dem für sie typischen abgewandten Blick schienen sie uns ihre Dankbarkeit zu bekunden. Wir jedenfalls glaubten damals, dass wir den Krieg auf diese Weise rasch gewinnen würden. Wir versuchten zu verdrängen, dass die Partisanen nachts so weit in unser Sperrgebiet vordrangen, dass sie unsere Wasserleitungen mit Handgranaten bewerfen und aus ihren Karabinern ein paar Schüsse auf uns abgeben konnten. Danach zogen sie sich rasch zurück und sahen zu, wie wir stundenlang ins Nichts feuerten.

Doch eines Tages wurde ich – auf jene absurde Weise, die viele vietnamesische Geschichten kennzeichnet – mit ihren wahren Gesichtern konfrontiert. In einem abgelegenen Dorf organisierten wir ein Konzert, bei dem die Band des 3. Marineregiments unter der grellen Mittagssonne auftrat. Wir hatten keine größeren Sicherheitsvorkehrungen getroffen, denn zu jenem Zeitpunkt präsentierten wir uns, wo immer dies möglich war, lieber als Berater denn als Soldaten. Wir trugen nicht einmal kugelsichere Westen oder Helme. Wir wollten ja unseren guten Willen demonstrieren, und dazu schien uns fetziger Swing mit dem fulminanten Solo eines Trompeters, dem der Schweiß aus allen Poren lief, am besten geeignet. Alte Leute und Kinder, verdreckt von der Arbeit auf den Reisfeldern, hörten uns neugierig zu. Kein einziger junger Mann war unter ihnen: Sie dienten in der südvietnamesischen Armee, kämpften für den Vietcong oder hielten sich versteckt, um beidem zu entgehen.

Etwa gegen Mitte des Konzertes erschienen fünf oder sechs Partisanen auf der Bildfläche. Harte Jungs mit einem Ausdruck der Ruhe auf den Gesichtern, der zeigte, dass sie jugendliche Frechheit und Überheblichkeit lange hinter sich gelassen hatten und sich auf dem Weg zu einem Ziel wussten, das außerhalb meiner Vorstellungskraft lag. Sie waren jung, groß und stark. Sie trugen schwarze, saubere *pajamas*, konnten also keine Bauern sein. Sie traten ohne Waffen auf – das hatten sie gar nicht nötig. Die Denkweise der Amerikaner war ihnen offenbar vertraut. Ihre Mienen sagten: »Na, was macht ihr jetzt? Reißt ihr eure Gewehre von den Schultern, schießt auf unbewaffnete Südvietnamesen und ruiniert euren eigenen Auftritt?«

Ich grüßte sie, wie ich alle in der Menge gegrüßt hatte. Ihrem Ausdruck entnahm ich, dass sie mich für genauso ignorant hielten wie alle Amerikaner, die bis zu diesem Zeitpunkt immer noch glaubten, sie könnten sich die ganze Welt zum Freund machen. Ihre Gesichter waren so unerbittlich wie die Lampen über einem Zahnarztstuhl. Und dennoch verstand ich die Botschaft: Wir wissen, dass ihr wisst, dass wir wissen, dass ihr wisst, dass wir etwas wissen, das ihr, wenn ihr Vietnam eines Tages verlasst, nie erfahren haben werdet.

Natürlich waren sie gekommen, um ihre Stärke zu demonstrieren. Und vielleicht wählten sie gerade in diesem Moment einen uns freundlich gesinnten Dorfältesten aus, um ihn an einem der nächsten Tage einen Kopf kürzer zu machen. Nach einer Weile waren sie jedenfalls verschwunden, Sendboten einer überlegenen Armee, die bei Sonnenuntergang ihre Macht entfaltete. Damals begriff ich schlagartig, dass der Krieg länger dauern würde, als wir zu diesem Zeitpunkt glaubten.

Man kann nicht sagen, dass ihre Gesichter typisch vietnamesisch waren. Die Soldaten, die in der südvietnamesischen Armee kämpften, sahen nicht so aus, jedenfalls nicht, solange ich dort war. Sie blickten eher dümmlich und unbeteiligt drein. Abgesehen von den eher stämmigen Leuten aus dem Norden waren sie von zartem, malaiischem Knochenbau, so dass ihre Helme und Sonnenbrillen irgendwie immer zu groß wirkten. Sie sorgten sich überhaupt ständig um ihre Sonnenbrillen, Zigaretten und darum, wie sie sich einen kleinen Browning 25 beschaffen konnten. Ich erinnere mich noch an einen Fall, in dem sich ein südvietnamesischer Offizier ins Lazarett einliefern ließ, nur weil er Magenschmerzen hatte.

Wir Amerikaner hatten angespannte, müde Gesichter, weil wir die ganze Zeit im Einsatz waren, doch keiner von uns schien an die Zukunft zu denken. »Morgen« gab es nur auf unseren Dienstplänen. Die Gespräche drehten sich um Heimweh, um Zeitsoldaten und Einzelschicksale. Niemand sprach vom Sieg. Das Thema kam gar nicht erst auf. Die Stabsoffiziere sagten bloß: »Das ist kein toller Krieg, aber es ist der einzige, den wir führen.«

Aus unseren Mienen sprach keine Entschlossenheit, unsere Augen blickten nicht wie die vieler Nordvietnamesen in diesem Buch in eine ferne, aber klar erkannte Zukunft. Eine Zeitschrift betitelte damals ein Bild von mir mit den Worten »mager, hungrig und kampfbereit«. Meine Kameraden hielten sich die Bäuche vor Lachen.

Die Medien hielten ihre Rolle im Krieg für überaus wichtig, für wichtiger vielleicht noch als die der kämpfenden Soldaten. Keiner, den der CBS-Journalist Walter Cronkite aufnahm, war so bedeutend wie Walter Cronkite selbst. Weniger berühmt als er, dafür aber um Längen abgebrühter waren die freiberuflichen Fotografen. Sean Flynn, Tim Page oder Dana Stone präsentierten sich als echte Vagabunden, die ganz nebenbei zahlreiche Abenteuer erlebten und sich zu heimlichen Helden ihrer eigenen Bilder erhoben. Sie und unzählige andere machten keine Bilder von Kriegern, wie es die Nordvietnamesen taten, sondern Bilder vom Krieg.

Darin bestand der große Unterschied.

Unsere Fotos zeigten Grauen und Zerstörung, Ermüdung und glanzlose Augen, die eine Vision historischer Notwendigkeit vermissen ließen. Es gab Aufnahmen von toten Zivilisten, verbrannten Kindern, von Gefangenen oder von Soldaten, die tote Kameraden hinter Panzer zogen, und Bilder mit den zu Masken erstarrten Gesichtern erschöpfter Amerikaner, die bereit waren, bis zum Ende auszuharren. Die Soldaten auf diesen Fotos krochen durch den Schlamm und schleppten sich durch die verhassten Sümpfe. Sie weinten und starben. Ihr Stolz wirkte sadistisch, ihre Tapferkeit dumm oder pathetisch. Ihre Moral äußerte sich in Gefühlen, die mit diesem Wort eigentlich nicht das Geringste zu tun hatten.

Darin bestand das eigentliche Drama im Zeitalter der Ironie. Was wie Realismus aussehen sollte, war in Wirklichkeit eine andere Art der Propaganda. Sie diente der Suche nach einer »Wahrheit«, in der sich Nihilismus, Mitleid und Selbstgerechtigkeit mischten und die jenen, die an sie glaubten, ein gewisses, aber nicht sehr konkretes Gefühl der Überlegenheit verlieh.

Vielleicht ist Kriegsberichterstattung grundsätzlich Propaganda für die eine oder andere Seite. Es ist so einfach, die Dinge in diese Richtung laufen zu lassen. Propaganda ändert sich genau wie ein Gesichtsausdruck oder wie die Art, in der ein Fotograf diesen Ausdruck im Bild festhält.

Wenn ich in diesem Buch blättere, erinnere ich mich daran, wie ich als kleiner Junge Fotos aus jener Zeit betrachtete, als mein Großvater in den Krieg zog und alle Soldaten tapfer und gerecht aussahen.

SCHAUEN SIE SICH DIE FOTOS AN: Pioniere, meistens Mädchen, reparieren die durch Bomben angerichteten Schäden. Wir hätten gezeigt, wie der Krieg ihr Leben zerstörte. Es folgen Rekruten, die der Menge zuwinken, ehe sie in den Krieg ziehen. Sehen Sie sich die kunstvoll fotografierte Reihe von Soldaten an, die sich durch Löcher in den Mauern durch mehrere benachbarte Gebäude bewegen. Das Ganze wirkt wie zwei ineinander geschobene Ansichten von Trümmern einerseits und den Soldaten andererseits.

Ein Bild zeigt eine hübsche junge Frau mit Hut und Gewehr, deren Augen abermals in typisch sozialistischer Pose in die Ferne schweifen. Auf einem anderen legen Vietcong-Kämpfer im Jahre 1973 amerikanische Claymore-Minen im Mekongdelta. Mit ihren straffen Muskeln und den Stirnbändern wirken sie wie gemeißelt, ihre Oberschenkel erinnern an Gewehrkolben, aus ihren Gesichtern spricht die Ernsthaftigkeit von Erwachsenen, jene Ernsthaftigkeit, die in Amerika, wo man der Jugend huldigt und sie für einen moralischen Wert hält, längst aus der Mode gekommen ist.

Ein alter Mann wandert mit seinen Habseligkeiten in der Hand durch Ruinen. In einer perfekten Komposition aus Kreisen und Diagonalen ziehen Frauen schwere Fischernetze in ein Boot. Mit gebeugtem Rücken steht ein angeklagter Vietcong vor einem Volksgericht. Fünf vietnamesische Soldaten posieren mit ihren Gewehren vor einer dramatischen Dschungelkulisse im Sonnenschein. Dorfbewohner warten geduldig darauf, dass eine junge Frau Fischsoße in ihre Gefäße füllt; jeder ist bereit, zu Gunsten der anderen Verzicht zu üben. Sogar die – echten oder gestellten – Kampfszenen, in denen Soldaten ihre Waffen mutig und aufopferungsvoll laden und abfeuern, wirken optimistisch.

Ja, gewiss, Propaganda. Doch die Menschen, die die Bilder machten, und jene, die sie betrachteten, glaubten daran. Genauso wie viele Amerikaner den Fotos glaubten, die im *Life Magazine* abgedruckt wurden.

Es sind Bilder eines Volkes, das um den Sieg kämpfte. Unsere Fotos dagegen zeigen Leute, die für die Durchsetzung politischer Interessen in den Krieg zogen. Ich glaube, es ist einfacher, für einen Sieg zu kämpfen. Schade, dass die Sieger so wenig aus ihrem Erfolg gemacht haben.

1999 kehrte ich nach Vietnam zurück. Das Land ist reizvoll, leider aber auch durch und durch korrupt. Vielleicht liegt der Friede den Leuten nicht so sehr. Die würdevollen, glänzenden Lenin-Mienen waren jedenfalls verschwunden. Ich vermisse sie immer noch.

Provinz Nam Ha, September 1972 Vietnamesische Journalisten und nordvietnamfreundliche ausländische Korrespondenten interviewen einen Verwundeten, der bei einem amerikanischen Bombenangriff auf die Thong-Nhat-Klinik verletzt wurde. Im Norden waren solche Fotos weit verbreitet, denn man wollte zeigen, dass die Amerikaner auch zivile Einrichtungen beschossen.

LAM HONG

AUF DER SUCHE NACH DER VERGANGENHEIT

DOUG NIVEN

EINLEITUNG Irgendwie haben wir im Westen ein ganzes Kapitel des Vietnamkrieges gar nicht mitbekommen. Das Mosaik unserer kollektiven Erinnerung an den Krieg setzt sich aus immer gleichen Einzelbildern zusammen. Sie zeigen etwa die Erschießung eines Vietcong-Pioniers, den öffentlichen Selbstmord eines Mönches im Sperrbezirk von Saigon, einen amerikanischen Panzer, der den Körper eines Vietcong-Soldaten überrollt, oder das kleine Mädchen mit den Napalmverbrennungen, das die Straße hinunterrennt. Und natürlich einen startbereiten Hubschrauber auf dem Dach der amerikanischen Botschaft in Saigon mit einer verzweifelten Menschenmenge, die darauf wartet, evakuiert zu werden. Genau diese Aufnahmen prägten unser Bild des Vietnamkrieges. Welche Fotografien aber bestimmten die Vorstellung vom Krieg aus vietnamesischer Sicht? Die Sieger besaßen mit Sicherheit eine eigene Auswahl von Bildern, die sich in ihrem kollektiven Gedächtnis festgesetzt haben.

Ich selbst entdeckte die ersten Fotos vom Vietnamkrieg als Kind in der öffentlichen Leihbücherei. Diese Bilder und natürlich auch viele Hollywood-filme der achtziger und neunziger Jahre beeinflussten meine visuellen

DINH DANG DINH
Dinh Dang Dinh war Ho Chi Minhs
persönlicher Fotograf. Er wurde
1920 als Sohn eines armen Bauern
in Bac Ninh geboren. 1936 schloss
sich Dinh den Revolutionären an,
1941 lernte er im Widerstand
fotografieren und machte seine erste
Aufnahme von Ho. Bis zum Tod Ho
Chi Minhs im Jahre 1969 entstanden
viele weitere eindrucksvolle Fotos,
die heute noch in ganz Vietnam auf
Briefmarken, Postkarten und Wän-
den zu sehen sind. Dinh gründete
den Verband vietnamesischer Kunstfotografen, die bis heute größte
Fotografenvereinigung in Vietnam.

Vorstellungen von dem Konflikt. Als angehender Fotojournalist bewunderte ich die zumeist schwarz-weißen Aufnahmen von Kriegsberichterstattern wie Larry Burrows, Philip Jones Griffiths oder Don McCullin. Sie waren meine Helden und formten mein Bild von Vietnam ebenso wie die Berichte von Tim Page oder Robert Sam Anson.

Wenn ich, was selten genug geschah, über ein Foto der »anderen Seite«, also die Aufnahme eines vietnamesischen Fotografen stolperte, wirkte das Bild auf mich immer irgendwie blass und winzig, wie im Briefmarkenformat. Stets schienen diese Bilder aus dem Anhang eines Geschichtsbuches zu stammen. Meistens zeigten sie eine kleine vietnamesische Frau, die einen fast doppelt so großen amerikanischen Kriegsgefangenen mit dem Gewehr vor sich her trieb.

Es kam mir seltsam vor, dass zu unserer kollektiven Vorstellung vom Krieg überhaupt kein Bild des Feindes – abgesehen von Partisanen in schwarzen *pajamas* – gehörte. Die nordvietnamesischen Soldaten und die Vietcong-Kämpfer, so dachte ich, hatten bestimmt ähnlich ausgesehen und sich verhalten wie ihre südvietnamesischen Landsleute. Und dennoch gab es kein Bild, das sie deutlich zeigte. Der mächtige Feind blieb gesichtslos.

DIE VIETNAMESEN blicken auf eine lange künstlerische und literarische Tradition zurück. Ich war deshalb sicher, dass in Vietnam noch Verbindungen zwischen ehemaligen Kriegsfotografen existierten und wir im Westen bloß nichts darüber wussten. Ich stellte mir vor, wie sich die Aufnahmen in staubigen Büros in Hanoi stapelten und darauf warteten, wieder hervorgeholt zu werden. Nachdem ich zu Beginn der neunziger Jahre als Korrespondent in Phnom Penh in Kambodscha gearbeitet hatte, beschloss ich, mich auf die Suche nach diesen Fotografen zu machen, ihre Bilder zu sammeln und ihre Geschichten zu erzählen, um unsere Erinnerung an den Vietnamkrieg um diese fehlende Seite zu ergänzen.

Ich stellte rasch fest, dass die vietnamesischen Kriegsfotografen ihren westlichen beziehungsweise amerikanischen Kollegen in vielerlei Hinsicht glichen. Ich fand eine freundliche, umgängliche Gruppe älterer Männer (keine Frau hatte während des Krieges als Journalistin fotografiert), die mit Begeisterung auf ihr

Lebenswerk zurückblickten. Fast alle fotografierten immer noch, obgleich sie bereits 60, 70 oder gar 80 Jahre alt waren. Ihre bescheidenen Häuser und winzigen Wohnungen in regierungseigenen Siedlungen waren häufig mit Schwarz-Weiß-Fotos verziert, die jedoch niemals Kriegsszenen zeigten. Dagegen herrschten typisch asiatische Themen vor: schlanker Bambus über Reisfeldern, hübsche Mädchen in traditionellen *Ao-dai*-Gewändern, Gesichter von Angehörigen verschiedener Bergstämme.

Wenn ich in ihren Wohnzimmern saß und bitteren Tee oder selbst gebrannten Schnaps mit ihnen trank, kamen sie bald ins Erzählen. Sie hatten mit ähnlichen Problemen gekämpft wie die westlichen Fotografen. Sie hatten mit ihren Redakteuren über Geschmack und journalistische Grundsätze gestritten, sich über launenhafte Texter geärgert. Genau wie wir hatten sie die besten Negative aus ihren Filmen selbst behalten, weil sie wussten, dass sie in den Dunkelkammern oder Redaktionen weniger fähigen oder sorgfältigen Leuten in die Hände fallen würden.

Wie alle Fotografen fachsimpelten sie gern über ihre Kameras und erzählten, welche Modelle am unempfindlichsten gegen Schlamm, Hitze und Feuchtigkeit waren. In der Regel besaßen sie nur ein einziges 50-Millimeter-Objektiv. Einige von ihnen arbeiteten mit riesigen, schweren Kodak-Kameras aus den vierziger Jahren, die im Krieg schlecht zu handhaben waren. Mit dem gleichen Kameratyp hatte Weegee in den vierziger Jahren seine berühmten Straßenszenen in New York fotografiert. Er hatte seine Ausrüstung in einen Wagen gepackt und war damit umhergefahren, doch die vietnamesischen Fotografen besaßen keine Autos. Sie trugen die Apparate immer mit sich herum und produzierten mit ihnen große, kraftvolle und informative Bilder.

Ganz gleich, welche Kamera sie verwendeten: Die vietnamesischen Fotografen mussten jede Aufnahme sorgsam planen, damit das kostbare Filmmaterial möglichst lange vorhielt. Selbst mitten im Schlachtgetümmel zählte jedes Bild. Ein Motorantrieb gehörte nicht zu ihrer Ausrüstung, und keiner konnte einfach einen Film verknipsen und einen neuen einlegen. Einer der Fotografen, der auch als Textjournalist arbeitete, benutzte während des gesamten Krieges nur einen

LE MINH TRUONG

Le Minh Truong wurde 1930 geboren. Er wuchs in Hue auf und schloss sich 1949 der Revolution an. Als junger Soldat hatte er den »Roten Prinzen« von Laos, Souphanouvong, beschützt. 1956 traf ihn ein Schrapnell am Kopf, er verlor zeitweise sein Gehör sowie das Augenlicht und war gelähmt. Es dauerte lange, bis er sich erholte. Danach arbeitete er als Fotograf für die Vietnam News Agency. 1959 bereiste er erstmals den Ho-Chi-Minh-Pfad, 1975 hatte er ganz Vietnam mehrmals zu Fuß durchquert. Zwischen 1975 und 1979 fotografierte Truong die Kriegsereignisse im benachbarten Kambodscha. Noch heute steht er oft vor Sonnenaufgang auf, um Alltagsszenen in Saigon aufzunehmen.

DOAN CONG TINH

Doan Cong Tinh wurde 1943 als Sohn eines Offiziers in Hanoi geboren. Von seinen Kollegen erhielt er den Spitznamen »König der Schlachtfelder«. Tinh arbeitete als Armeefotograf. Er trug außer seiner Kamera stets eine AK-47 und riskierte sein Leben, um Aufnahmen von wichtigen Gefechten zu machen. Seine Bilder von der Front waren so wertvoll und außergewöhnlich, dass er 1973, zwei Jahre vor Kriegsende, gebeten wurde, sich aus dem Berufsleben zurückzuziehen. Tinh heiratete eine Militärärztin und setzt sich heute für Kriegsveteranen ein.

einzigen Film. Er wusste nämlich überhaupt nicht, wie man Filme wechselt und besaß, davon abgesehen, auch keinen zweiten.

Entwicklerlösungen wurden in Teekannen mit Wasser aus Bergbächen gemischt. Die Fotografen entwickelten ihre Filme mitten in der Nacht, wenn der Rest der Einheit schlief, irgendwo in der befreiten Zone oder im Truong-Son-Gebirge in einem Unterstand am Ho-Chi-Minh-Pfad. Häufig entwickelten sie nur jeweils einen halben Film, um im Falle eines plötzlichen Angriffs nicht ihr gesamtes Material zu verlieren. Sie erzählten mir, dass sie in der größten Dunkelkammer der Welt gearbeitet hätten – unter dem nächtlichen Sternenhimmel.

Alle Fotografen, die ich traf, dachten mit einer gewissen Wehmut an die Zeit in den Bergen zurück. Das Leben dort war gefährlich und entbehrungsreich gewesen, doch Folklore, Kunst und Gesang hatten gerade in dieser Region von jeher einen hohen Stellenwert. Eigentlich war es verboten, Bilder vom Pfad zu machen, doch keiner konnte der Versuchung widerstehen, wenn er ihn einmal erreicht hatte.

Wenn ich mit einem der Fotografen einige Tassen Tee getrunken hatte, holte er meist gerne seine Fotoalben, Tagebücher, Taschen und Schachteln heraus. Auf leisen Sohlen verließen die Frauen der Fotografen in diesem Moment regelmäßig den Raum, als würde nun der geheime Teil des Treffens beginnen. Ich wunderte mich immer darüber, dass die Abzüge aus der Zeit des Krieges genauso blass und klein waren wie jene, die ich gelegentlich in Büchern entdeckt hatte. Leider hatten die Fotografen auch in den vielen Jahren seit Kriegsende nie genügend Fotopapier besessen, um größere und bessere Abzüge anzufertigen. Es schien mir nicht richtig, dass man ihren Bildern so wenig Aufmerksamkeit geschenkt, sie so unzureichend gewürdigt hatte. Ich fand es auch seltsam, dass vor mir noch niemals jemand an die Tür geklopft und nach den Arbeiten gefragt hatte.

Einer der Fotografen, Doan Cong Tinh, dessen Bilder aus dem Krieg zu den eindrucksvollsten Aufnahmen gehören, bewahrte seine Filme unter dem Waschbecken im Bad auf. Die Negative von Vo Anh Khanh lagen immer noch in einer amerikanischen Munitionskiste auf geröstetem vietnamesischem Reis, damit sie nicht feucht wurden. Sie sahen so aus, als seien sie gestern erst entstanden.

Das Lebenswerk eines anderen Fotografen bestand aus mehreren Plastiktüten voller staubiger Negative, von denen viele bis heute nie gedruckt wurden.

Sie gaben mir ihr Material mit, damit ich Abzüge davon machen konnte, und es war eindrucksvoll zu erleben, wie aus den zerkratzten Negativen und den verknickten Kontaktabzügen, die ich auf ihren Tischen hatte liegen sehen, kraftvolle Bilder wurden. Ich hoffte, dass diese Bilder die verblassten und vergilbten Abzüge ersetzen würden, die die Fotografen so sorgfältig aufbewahrt hatten. Es war aufregend, mitzuerleben, wie ihre Bilder eine Lücke auszufüllen begannen, wie sie das Bild vom Krieg vervollständigten. Mir war klar, dass wir diese Negative und Abzüge innerhalb eines angemessenen Zeitraums mit den entsprechenden Chemikalien und dem richtigen Papier zu neuem Leben erwecken konnten.

Nachdem ich Hunderte von Litern dieser Chemikalien auf Hotelbalkonen gemischt und die Abzüge in den Badewannen meiner Zimmer gewässert hatte, beendete ich meine Arbeit und besuchte die Fotografen erneut, um ihnen ihre Filme zurückzugeben und ihnen die Abzüge zu zeigen, die ich von den Negativen angefertigt hatte. Einige Fotografen hatten Tränen in den Augen, als sie ihre Bilder zum ersten Mal vergrößert sahen. Erfahrungen wie diese halfen mir, mein Vorhaben bis zum Ende durchzuführen. Sie gehören zu meinen liebsten Erinnerungen an Vietnam.

Als ich auf diese Weise in Saigon zahlreiche ausgezeichnete Abzüge hergestellt hatte, fuhr ich nach Hanoi. Dort wollte ich dem Direktor der Vietnam News Agency die Arbeiten seiner Kollegen aus dem Süden präsentieren. Eigentlich hatten wir nicht viel zu besprechen, doch die Kiste mit den Fotos erregte seine Aufmerksamkeit. Obwohl er ein typischer Bürokrat war, wusste er die Leistung der unbekannten Kollegen zu würdigen und erklärte sich zur Mitarbeit an meinem Projekt bereit. Viele Fotografen sagten mir später, dass sie immer daran gedacht hätten, etwas Ähnliches zu machen.

Es überraschte mich zu erfahren, dass viele der Fotografen sich untereinander gar nicht kannten und nie Bilder ihrer Kollegen gesehen hatten. Häufig lag dies vermutlich daran, dass man auf Grund der geographischen Gegebenheiten einander schlecht besuchen konnte. In anderen Fällen hatten die Fotografen die

NGUYEN DINH UU

Nguyen Dinh Uu wurde 1918 geboren. Auch er arbeitete als Armeefotograf, stand aber besonders dem Magazin *Viet-Nam Pictorial* nahe, das auch im Ausland erschien. Uu, der 1947 erstmals Bilder von französischen Kriegsgefangenen machte, lehrte viele Kriegsberichterstatter das Handwerk. Während des Indochinakrieges und später im Krieg gegen die Amerikaner fuhr er mit dem Fahrrad an die Front. Einmal legte er über 480 Kilometer von Hanoi bis zur entmilitarisierten Zone zurück. Unterwegs musste er Bombenkratern ausweichen und Luftangriffe abwarten.

VO ANH KHANH

Vo Anh Khanh wurde 1939 geboren.
Während des Krieges war er für das
Mekongdelta zuständig. 1957 hatte
er seine Laufbahn im familieneigenen
Fotoatelier begonnen; er gab den
Laden jedoch auf, als der Krieg seine
Heimatstadt Bac Lieu erreichte. 1961
schloss sich Khanh den Revolutionären an und engagierte sich fortan für
die Nationale Befreiungsfront. Er
arbeitete die meiste Zeit über allein.
Mehrfach schickte er Fotos in den
Norden, doch keines seiner Bilder
erreichte Hanoi. Khanh schleppte
stets eine schwere Kodak-Kamera mit
sich herum und versteckte seine
Fotos in Munitionskisten auf
geröstetem Reis, damit sie nicht
feucht wurden.

Kriegsjahre verdrängt und versuchten, sich auf die Gegenwart zu konzentrieren. Wenn sich Fotografen kannten, herrschte zwischen ihnen oft eine starke Rivalität. Es konnte passieren, dass ein Fotograf mich seinem besten Freund nicht vorstellen wollte, wenn dieser ebenfalls Fotograf war und bessere Bilder besaß. Andererseits komplizierte manchmal auch die typisch asiatische Bescheidenheit die Lage: Immer wieder musste ich mich selbst auf die Suche nach Fotografen machen, obgleich sie von ihren Freunden wussten, dass ich mich für ihre Arbeiten interessierte.

Leider werden die Namen vieler Fotojournalisten für immer unbekannt bleiben, weil die Bilder aus vietnamesischen Agenturen und Archiven stammen, in denen zum Teil ausgezeichnete, zum Teil aber auch schreckliche Bedingungen herrschten. Zum Glück befindet sich das Filmarchiv der Vietnam News Agency in kühlen, trockenen Räumlichkeiten, weshalb der Zustand des Materials gut ist. Doch leider kam es hier wie bei anderen Agenturen und Zeitungen in Hanoi und in der befrei- ten Zone häufig vor, dass unbeschriftete Negative ohne den Namen des Fotografen eintrafen. Viele Fotografen verwendeten während des Krieges Decknamen, damit ihre wahre Identität geheim blieb. Wenn der Feind ihre wahren Namen heraus- gefunden hätte, hätten sie um ihr Leben fürchten müssen. Es gab aber auch noch andere Gründe: Manche verheimlichten ihre Namen, weil sie sich als Diener der großen Sache fühlten und ihre Person nicht in den Vordergrund stellen wollten. Bis heute weiß niemand, von wem viele Bilder in Wirklichkeit stammen.

Aus den gleichen Gründen wusste man oftmals nichts über den Schauplatz oder den Hintergrund einer Aufnahme – Angaben, die mich als Fotojournalisten natürlich brennend interessierten. Doch jetzt, Jahre nach dem Krieg, waren viele der Beteiligten einfach von der Bildfläche verschwunden, und ich konnte froh darüber sein, überhaupt ein Foto in den Händen zu halten, ganz gleich wo es entstanden war und wer es aufgenommen hatte.

Da während des Krieges keine übergreifende Institution für die Vergabe von Aufträgen an Fotojournalisten existiert hatte, fehlten in der Chronik des Krieges ganze Kapitel. Häufig durften Fotografen nicht an die Front reisen, weil sie dort unweigerlich ums Leben gekommen wären. Da es nur sehr wenige Fotojournalisten gab und man ihre Bedeutung als Zeitzeugen sehr hoch einschätzte, wachte man streng darüber, wohin sie fuhren. Leider kamen mit Ausnahme von Lam Tan Tai alle Vietcong-Fotografen ums Leben, die 1968 Bilder von der Tet-Offensive machten. Lam Tan Tai selbst verlor ein Auge, außerdem seine Kamera und seinen Film. Während der Osteroffensive im Jahre 1972 postierte man zahlreiche Fotografen an der Grenze zur entmilitarisierten Zone, der Zutritt zur Festung Quang Tri blieb ihnen allerdings verboten. Nur Doan Cong Tinh schaffte es, in die Zitadelle zu gelangen, wobei er Anordnungen missachtete und nicht nur seine Karriere, sondern auch sein Leben aufs Spiel setzte.

DIE VIETNAMESISCHEN KRIEGSFOTOGRAFEN brachten sehr unterschiedliche Voraussetzungen mit. Vo Anh Khanh stammte aus dem südlichsten Teil des Landes, von der Halbinsel Ca Mau. Bis 1960 leitete er das familieneigene Fotoatelier. Als der Krieg die Stadt erreichte, musste er seinen Laden schließen. Khanh, der zu diesem Zeitpunkt 21 Jahre alt war, sah es als seine selbstverständliche Pflicht an, das Geschäft zu opfern und sich im Krieg zu engagieren. Er arbeitete mit einer schweren, unhandlichen Kodak-Kamera, der einzigen, die er besaß.

Nguyen Duy Kien gehörte einer reichen Aristokratenfamilie an. In den dreißiger Jahren konnten sich nur sehr wohlhabende Vietnamesen eine Kamera leisten. Kien machte Aufnahmen von Schönheitswettbewerben und Landschaften, bis im Jahre 1946 französische Soldaten ein Viertel in seiner Nachbarschaft dem Erdboden gleichmachten. Kien wurde Zeuge dieser Tat und fühlte sich berufen, sie für die Nachwelt zu dokumentieren. Seine 80-jährige Witwe zeigt interessierten Besuchern noch immer stolz die Bilder ihres Mannes, die sich in einer Ecke ihrer einstmals so prächtigen Villa in Hanoi stapeln. Heute teilt sie das in den fünfziger Jahren verstaatlichte und in zahlreiche Wohnungen unterteilte Haus mit Fremden.

Präsident Hos persönlicher Fotograf, Dinh Dang Dinh, kam zur Fotografie, als er sich in den vierziger Jahren zusammen mit Ho Chi Minh im Viet Bac, dem vietnamesischen Hinterland, versteckt hielt. Ho selbst hatte in den zwanziger Jahren während seines Aufenthaltes in Paris in einem Fotoatelier gearbeitet und gab Dinh seinen berühmten Wahlspruch »Schwierigkeiten machen klug« mit auf

DUONG THANH PHONG
Duong Thanh Phong wurde 1940 an der kambodschanisch-vietnamesischen Grenze geboren. Er stammte aus einer Familie von Revolutionären und fotografierte in den Tunneln von Cu Chi. Phong arbeitete während des Indochinakrieges zunächst als Dunkelkammerassistent; später fertigte er gefälschte Ausweise für Vietminh-Kämpfer an. Bis 1965 lebte er unerkannt in einem von der Regierung kontrollierten Dorf, musste dann jedoch in die befreite Zone fliehen.

MAI NAM

Mai Nam wurde 1931 geboren. Von ihm stammen einige der bekanntesten Aufnahmen vom Alltag während des Krieges. Nam arbeitete während seiner gesamten Berufsjahre für die Zeitung *Hanoi Tien Phong* (Pionier). An die Front reiste er fast nie. Stattdessen versuchte er, den Einsatz und Mut der vietnamesischen Zivilbevölkerung nördlich der entmilitarisierten Zone im Bild festzuhalten. Berühmt wurde sein Foto von einem abstürzenden amerikanischen Flugzeug und dem Piloten, der sich mit dem Fallschirm rettete. Heute brennt Mai Nam seinen eigenen Schnaps und fotografiert Schönheitswettbewerbe.

den Weg. Im Viet Bac entwickelte Dinh seine Filme in handgemachten, mit Bienenwachs versiegelten Schalen aus Bambus und wässerte sie in Bergbächen. Die Schwarz-Weiß-Negative aus dieser Zeit sehen aus, als seien sie erst gestern entstanden, denn Dinh beherrschte sein Handwerk perfekt und das Material überdauerte die Zeiten.

Einzelne Fotografen versuchten sich auf bestimmte Themen zu spezialisieren, die zum Stil ihrer Zeitungen oder Magazine passten. Mai Nam machte viele Aufnahmen von jungen Leuten und Alltagssituationen. Doan Cong Tinh war Fotograf der vietnamesischen Volksarmee und erhielt den Spitznamen »König der Schlachtfelder«. Le Minh Truong kämpfte 1949 mit der Vietminh gegen die Franzosen und reiste später zu Fuß durch Vietnam, Laos und Kambodscha. Seine Suche galt Motiven, die inmitten von Krieg und Zerstörung die Schönheit der Menschen und der Natur zeigten. Van Bao sagt von sich, er habe Fotografien im Stil des sozialistischen Realismus gemacht. Viele seiner Bilder wurden im Ausland veröffentlicht. Dinh Dang Dinh erhielt den Auftrag, sechs Monate lang die Arbeit der Versorgungsbataillone und die Truppenbewegungen am Ho-Chi-Minh-Pfad zu dokumentieren. Leider verlor er bei einem überraschenden Bombenangriff im Jahre 1974 seine gesamte Ausrüstung und Hunderte von Filmen. Dinh erzählt, dass er noch heute manchmal schweißgebadet aufwacht, weil ihn der Kummer um das verlorene Material umtreibt.

Die meisten vietnamesischen Fotografen waren Autodidakten. Auch heute gibt es in Vietnam noch keine Schulen, die Fotografie als Fach unterrichten. Einige Kriegsfotografen hatten während der französischen Kolonialherrschaft Fotoausstellungen besucht und Geld gespart, bis sie sich ein Lehrbuch für Fotografie leisten konnten.

Die Mischungsverhältnisse für Entwicklerlösungen kopierten sie in der Bibliothek oder erfuhren sie von Freunden, die Inhaltsstoffe suchten sie sich mühsam zusammen. Filme bekamen sie aus Deutschland, Japan, China und der Tschechoslowakei, doch gut war die Versorgungslage auf diesem Gebiet nie. In Buchläden konnte man zuweilen Fotomagazine aus Europa, den USA und Japan erwerben. Einige Fotografen begeisterten sich für patriotisch gefärbte Aufnahmen aus dem stalinistischen Russland und dem maoistischen China. Der kraftvolle, plastische Stil dieser Bilder ließ sich gut auf die Situation in Vietnam übertragen.

Einige Fotografen veröffentlichten nach dem Krieg in Vietnam Bildbände mit ihren Aufnahmen, doch ich entdeckte kein einziges dieser Alben in einer Buchhandlung. Ich nehme an, dies hängt damit zusammen, dass die vietnamesische Regierung noch immer keine »offizielle« Bewertung des Krieges vorgenommen hat. Vielleicht kämpfen wir in den Vereinigten Staaten mit dem gleichen Problem. Abgesehen davon mussten die Fotografen ihre Publikationen selbst finanzieren, was für die meisten schlicht ein Ding der Unmöglichkeit war. Deshalb schlummerten ungezählte Aufnahmen in Archiven, unter Waschbecken und in Abstellräumen, anstatt um die Welt zu gehen.

Bis jetzt.

ÜBEREINSTIMMEND ERKLÄRTEN ALLE FOTOGRAFEN, mit denen ich mich unterhielt, die Kriegsjahre zur besten Zeit ihres Lebens. In jenen Jahren hatten sie ihre Träume verwirklicht und ihrem beruflichen Ehrgeiz freien Lauf gelassen. Wehmütig dachten sie daran zurück, wie sie im Hochland Süßkartoffeln und Tabak mit Kameraden geteilt hatten; sie erinnerten sich an die mageren Rationen aus gekochtem Reis und Gemüse, die sie in Feldlagern entlang des Ho-Chi-Minh-Pfades erhalten hatten. Das Essen habe damals besser geschmeckt, meinten sie rückblickend. Not und Elend schweißten die Menschen zusammen. Nie zuvor hatten sie so viel Zuneigung und Solidarität erfahren. Damals knüpften sie untrennbare Bindungen zum Volk, zu den Soldaten und zu anderen Journalisten.

Irgendwann fragte ich jeden von ihnen, ob er den Krieg – ungeachtet aller Gefahren und Entbehrungen – vermisse. Viele zögerten eine Weile, aber alle gaben schließlich die gleiche Antwort. Seit Kriegsende sei ihr Leben öde, langweilig und ohne Sinn. Wenn sie von den Kriegsjahren erzählten, verschwanden die Sorgenfalten aus ihren Gesichtern. Ja, sie vermissten den Krieg – und freuten sich dennoch, dass er vorüber war.

LAM TAN TAI
Lam Tan Tai wurde 1935 im Süden des Landes geboren. Er studierte in Hanoi und Moskau und war ein Anhänger der Revolution. Nach seiner Rückkehr aus Russland schickte man ihn über den Ho-Chi-Minh-Pfad in die befreite Zone nach Tay Ninh, wo er im malariaverseuchten Urwald die Liberation News Agency gründete. Während der Tet-Offensive ging Tai zusammen mit einigen Vietcong-Reportern nach Saigon. Alle seine Kollegen kamen ums Leben, er selbst verlor bei der Schlacht am Fernsehturm von Saigon ein Auge. Tai flüchtete zurück in den Dschungel und sorgte von dort aus dafür, dass die Arbeit der Nationalen Befreiungsfront weiter dokumentiert wurde. Er starb im Jahre 2001.

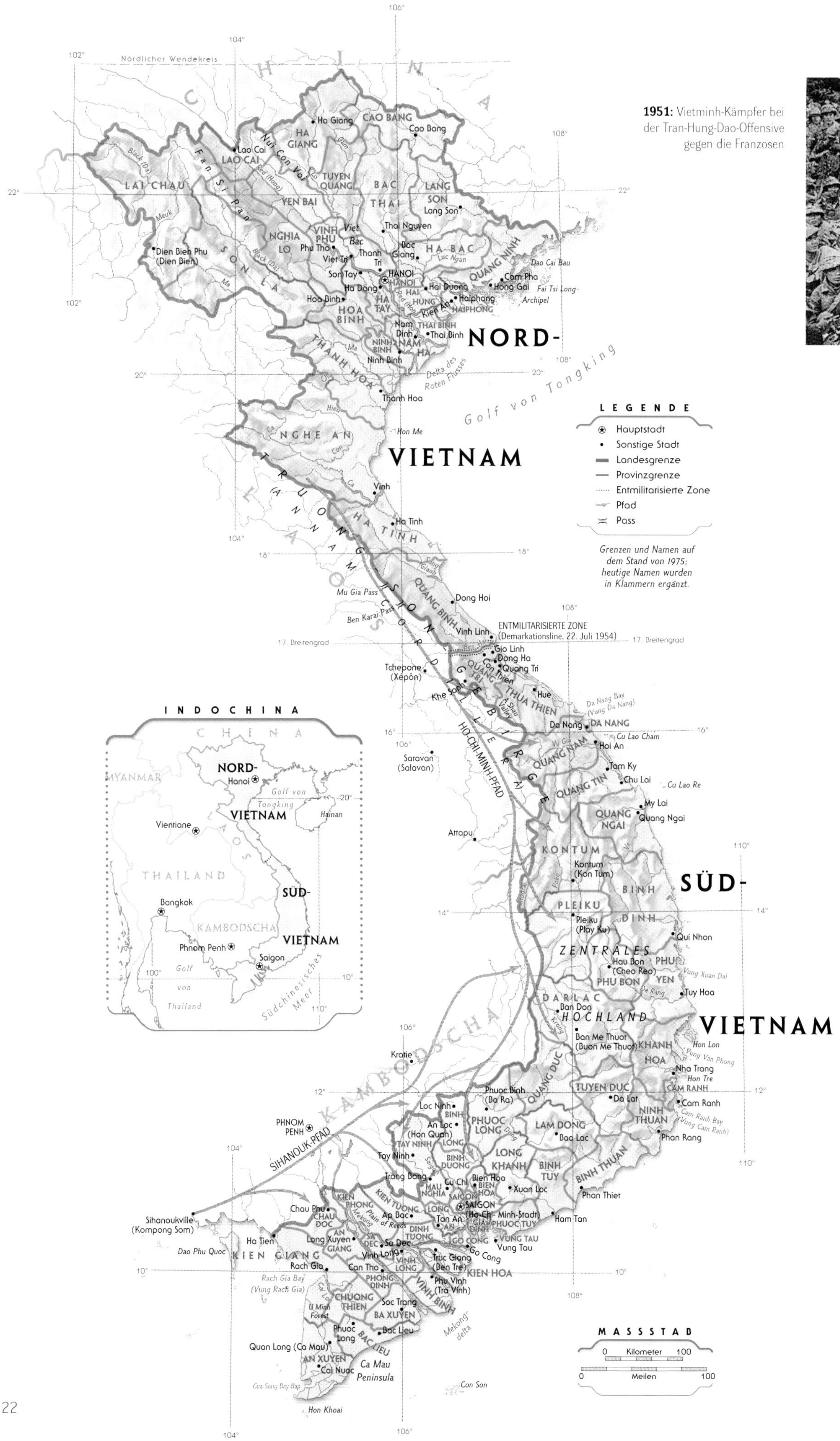

1951: Vietminh-Kämpfer bei der Tran-Hung-Dao-Offensive gegen die Franzosen

Map labels

CHINA

Nördlicher Wendekreis

NORD-VIETNAM

HA GIANG · CAO BANG · Ho Giang · Cao Bang
LAO CAI · LAI CHAU · Lao Cai · Nui Con Voi · Fan Si Pan
YEN BAI · TUYEN QUANG · BAC THAI · LANG SON
Dien Bien Phu (Dien Bien) · SON LA
NGHIA LO · VINH PHU · Phu Tho · Viet Tri · Son Tay · Thai Nguyen · Lang Son · Bac Giang · HA BAC · Dao Cai Bau · QUANG NINH
HOA BINH · HANOI · Ha Dong · HA TAY · Hai Duong · Cam Pha · Hong Gai · Fai Tsi Long-Archipel
HUNG · Yien An · HAIPHONG · Haiphong
THAI BINH · Nam Dinh · NINH BINH · Ninh Binh · NAM HA
THANH HOA · Thanh Hoa · Hieu · Delta des Roten Flusses

Golf von Tongking

NGHE AN · Con · Hon Me
VIETNAM
Vinh

HA TINH · Ha Tinh
TRUONG SON

Mu Gia Pass · Quang Binh · Dong Hoi · Song (Giang)
Ben Karai Pass
17. Breitengrad · ENTMILITARISIERTE ZONE (Demarkationslinie, 22. Juli 1954) · Vinh Linh · 17. Breitengrad
Gio Linh · Dong Ha · QUANG TRI · Quang Tri
Tchepone (Xépôn) · Khe Sanh · THUA THIEN · Hue · Da Nang Bay (Vung Da Nang)
HO-CHI-MINH-PFAD · DA NANG · Da Nang · Cu Lao Cham
Saravan (Salavan) · QUANG NAM · Hoi An
Tam Ky · QUANG TIN · Chu Lai · Cu Lao Re
Attapu · QUANG NGAI · My Lai · Quang Ngai

KONTUM · Kontum (Kon Tum)
BINH DINH
PLEIKU · Pleiku (Play Ku) · Qui Nhon
ZENTRALES · Hau Bon (Cheo Reo) · PHU YEN · Vung Xuan Dai
PHU BON · Tuy Hoa
DARLAC · Ban Don · Da Rang
HOCHLAND
Ban Me Thuot (Buon Me Thuot) · KHANH HOA · Hon Lon · Vung Van Phong
QUANG DUC · Nha Trang · Hon Tre · CAM RANH
Phuoc Binh (Ba Ra) · TUYEN DUC · Da Lat · Cam Ranh Bay (Vung Cam Ranh) · Cam Ranh
Loc Ninh · PHUOC LONG · LAM DONG · NINH THUAN
An Loc (Hon Quan) · BINH LONG · Bao Loc · Phan Rang
TAY NINH · BINH DUONG · LONG KHANH · BINH THUAN
Tay Ninh · Trong Bang · Cu Chi · Bien Hoa · Xuan Loc · Phan Thiet
HAU NGHIA · SAIGON · Ho-Chi-Minh-Stadt · BIEN HOA
Chau Phu · KIEN PHONG · Ap Bac · Plain of Reeds · Tan An · GIA DINH · PHUOC TUY · Ham Tan
CHAU DOC · AN GIANG · LONG AN · DINH TUONG · GO CONG · Vung Tau
Long Xuyen · SA DEC · My Tho · Go Cong
KIEN TUONG · VINH LONG · KIEN HOA
Sihanoukville (Kompong Som) · Ha Tien · KIEN GIANG · Rach Gia · Can Tho · Vinh Long · Truc Giang (Ben Tre)
Rach Gia Bay (Vung Rach Gia) · PHONG DINH · VINH BINH · Phu Vinh (Tra Vinh)
CHUONG THIEN · Soc Trang · BA XUYEN
U Minh Forest · Phuoc Long · BAC LIEU · Bac Lieu
AN XUYEN · Quan Long (Ca Mau) · Ca Mau Peninsula · Mekong-delta
Cai Nuoc
Cua Song Bay Hap · Con Son · Hon Khoai

SÜD-VIETNAM

LAOS · KAMBODSCHA · PHNOM PENH · SIHANOUK-PFAD · Kratie · Phnom Penh

LEGENDE

- ⊛ Hauptstadt
- • Sonstige Stadt
- — Landesgrenze
- — Provinzgrenze
- ⋯ Entmilitarisierte Zone
- ⌄ Pfad
- ⌓ Pass

Grenzen und Namen auf dem Stand von 1975; heutige Namen wurden in Klammern ergänzt.

INDOCHINA

CHINA
MYANMAR
NORD-VIETNAM · Hanoi ⊛ · Golf von Tongking · Hainan
Vientiane
THAILAND · LAOS
Bangkok ⊛ · KAMBODSCHA
Phnom Penh ⊛ · SÜD-VIETNAM · Saigon
Golf von Thailand · Südchinesisches Meer

MASSSTAB

0 — Kilometer — 100
0 — Meilen — 100

Timeline

1954

7. Mai: Vietnamesische Soldaten besetzen die französische Kommandozentrale in **Dien Bien Phu.** Der französische Kommandeur lässt die Kampfhandlungen einstellen. Die Schlacht hatte 55 Tage gedauert.

1959

Eine nordvietnamesische Spezialeinheit, die Gruppe 559, wird gebildet, um eine Verbindungsstraße von Nordvietnam zu den Vietcong-Kämpfern im Süden zu legen. Mit Zustimmung des kambodschanischen Prinzen Sihanouk baut die Einheit eine einfache Straße entlang der vietnamesisch-kambodschanischen Grenze mit Abzweigungen ins Innere von Vietnam auf der gesamten Länge. Die Straße wird später unter dem Namen **Ho-Chi-Minh-Pfad** bekannt.

1961

Präsident John F. Kennedy ordnet eine stärkere Unterstützung für die südvietnamesische Regierung im Kampf gegen den Vietcong an.

11. Dezember: Amerikanische Hubschrauber landen mit 400 US-Mitarbeitern, in erster Linie Piloten und Mechanikern, in Südvietnam.

1962

12. Januar: Im Rahmen der Operation Chopper fliegen US-Hubschrauberpiloten eintausend südvietnamesische Soldaten zu einem Angriffsziel der Nationalen Befreiungsfront unweit von Saigon. Die Operation ist die erste Kampfhandlung der Amerikaner gegen den Vietcong.

1963

2. Januar: Im Dorf Ap Bac besiegt das 514. Bataillon des Vietcong zusammen mit Partisanen die 7. Division der südvietnamesischen Armee. Erstmals hält der Vietcong damit der US-Kriegsmaschinerie und den südvietnamesischen Truppen stand. Rund 400 Südvietnamesen werden dabei getötet oder verwundet. Unter den Opfern sind auch drei amerikanische Militärberater.

1964

4. August: Der Kapitän der U.S.S. *Maddox* meldet feindlichen Beschuss und einen bevorstehenden Angriff. Zwar gibt er später zu, dass kein Angriff stattgefunden hat, doch sechs Stunden nach dem ersten Bericht ordnet Präsident Johnson einen Vergeltungsschlag gegen Nordvietnam an. US-Flugzeuge bombardieren zwei Marinestützpunkte und zerstören ein Öldepot. Zwei Maschinen stürzen ab.

7. August: Der US-Kongress verabschiedet die **Tongking-Resolution**, die Präsident Johnson uneingeschränkte Handlungsfreiheit zur Wiederherstellung der Ordnung in Südostasien verleiht.

1. November: Zwei Tage vor der amerikanischen Präsidentschaftswahl treffen Mörsergranaten des Vietcong den Luftwaffenstützpunkt Bien Hoa bei Saigon. Vier Amerikaner kommen ums Leben, 76 werden verwundet. Fünf B-57-Bomber werden zerstört. 15 weitere schwer beschädigt.

1965

7. Februar: Nordvietnamesische Einheiten greifen einen amerikanischen Hubschrauberstützpunkt im zentralen Hochland von Südvietnam an. Neun Amerikaner sterben, über 70 werden verwundet. Präsident Johnson ordnet Angriffsflüge von Kampfbombern gegen militärische Ziele in Nordvietnam an.

13. Februar: Präsident Johnson stimmt der Operation Rolling Thunder zu, einer zeitlich begrenzten Bombenoffensive. Sie soll den Norden daran hindern, den Vietcong im Süden zu unterstützen.

7. April: Die USA bieten Nordvietnam Wirtschaftshilfe als Gegenleistung für einen sofortigen Frieden an, was der Norden jedoch zurückweist. Zwei Wochen später stockt Präsident Johnson die in Vietnam stationierten US-Truppen auf 60 000 Soldaten auf.

17. November: Teile des 66. nordvietnamesischen Regiments rücken ostwärts nach Plei Mei vor und schlagen dort ein amerikanisches Bataillon. Die Kämpfe dauern bis in die Nacht. 60 Prozent der Amerikaner werden verwundet, ein Drittel kommt ums Leben.

1966

8. Januar: US-Truppen starten die Operation Crimp, um das Hauptquartier des Vietcong auszuheben, das man im Distrikt Cu Chi in der Nähe von Saigon vermutet. Obgleich die Amerikaner das gesamte Gebiet durchkämmen und immer wieder kontrollieren, finden sie keinen wichtigen Stützpunkt des Vietcong.

Dezember: Mittlerweile sind 385 000 amerikanische Soldaten in Vietnam stationiert, dazu kommen 60 000 Marinesoldaten vor der Küste. Über 6000 Amerikaner sind 1966 in Vietnam ums Leben gekommen, 30 000 wurden verwundet. In der gleichen Zeit starben 61 000 Vietcong-Kämpfer. Die Zahl der nordvietnamesischen Soldaten beläuft sich auf über 280 000.

1967

Januar–Mai: Zwei außerhalb der entmilitarisierten Zone agierende nordvietnamesische Einheiten bombardieren amerikanische Stützpunkte südlich der Zone, darunter **Khe Sanh, Rockpile, Cam Lo, Dong Ha, Con Thien** und **Gio Linh**.

8. Januar: Die amerikanischen Streitkräfte beginnen die Operation Cedar Falls, die den Vietcong aus dem »Eisernen Dreieck«, einem 155 Quadratkilometer großen Gebiet zwischen dem Fluss Saigon und der Route 13 drängen soll. Knapp 16 000 amerikanische und 14 000 südvietnamesische Soldaten stoßen in das Gebiet vor, wo ihnen nur wenig Widerstand entgegengesetzt wird. Die Truppen beschlagnahmen Versorgungsgüter des Feindes in großen Mengen. Innerhalb von 19 Tagen kommen 72 Amerikaner in Fallen oder durch Schüsse ums Leben, die Heckenschützen aus verborgenen Tunneleingängen abfeuern. In der gleichen Zeit sterben 720 Vietcong-Kämpfer.

Mai: Über Hanoi und Haiphong kommt es zu heftigen Luftgefechten. Die Amerikaner schießen 26 nordvietnamesische Flugzeuge ab und halbieren die Zahl der nordvietnamesischen Piloten.

1968

21. Januar: Um 5.30 Uhr treffen die ersten Granaten und Raketen den amerikanischen Marinestützpunkt in **Khe Sanh**. 18 Soldaten kommen bei diesem Angriff ums Leben, 40 werden verwundet. Der Beschuss wird zwei Tage lang fortgesetzt.

30. Januar: Am Feiertag **Tet** beginnt der Vietcong in ganz Südvietnam mit einer Offensive. Vietcong-Pioniere unternehmen Blitzangriffe auf über hundert größere und kleinere Städte, danach folgen weitere Angriffswellen. Im Zuge der Offensive kommen 37 000 Vietcong-Soldaten ums Leben, noch mehr werden verwundet oder gefangen genommen. Eine halbe Million Zivilisten flieht aus den Städten.

23. Februar: Über 1300 Artillerieschüsse – mehr als bei allen vorangegangenen Angriffen – treffen den Marinestützpunkt **Khe Sanh** und seine Außenposten. Zum Schutz vor den permanenten Attacken bauen die Soldaten Bunker, die 82-Millimeter-Mörsergranaten standhalten.

16. März: Im Weiler My Lai töten Soldaten der US-Einheit Charlie rund 200 Zivilisten. Obgleich nur ein einziger Soldat der Einheit angeklagt und als Kriegsverbrecher verurteilt wird, ist der öffentliche Unmut über die Tat in weiten Teilen der US-Armee zu spüren.

8. April: US-Soldaten nehmen im Rahmen der Operation Pegasus die Route 9 ein und beenden die Belagerung von Khe Sanh. Die 77-tägige Schlacht um Khe Sanh war bis zu diesem Zeitpunkt das längste und größte Einzelgefecht des Krieges.

1. November: Nach dreieinhalb Jahren endet die **Operation Rolling Thunder**, in der die Amerikaner über 900 Flugzeuge verloren haben. 818 Piloten sind ums Leben gekommen oder gelten als vermisst, Hunderte sitzen in Gefangenschaft. 120 vietnamesische Flugzeuge wurden bei Luftgefechten oder durch Unfälle zerstört. Nach US-Schätzungen hat die Operation 182 000 zivile Opfer gefordert.

1969

Januar: Präsident Richard M. Nixon verspricht, sich um einen »ehrenhaften Frieden« zu bemühen. Er will ein Abkommen aushandeln, das den 500 000 US-Soldaten den Abzug erlaubt, Südvietnam jedoch als Staat bestehen lässt.

22. Februar: In einer Großoffensive greifen Vietcong-Kämpfer amerikanische Stützpunkte in ganz Südvietnam an. 1140 US-Soldaten kommen ums Leben.

8. Juni: Auf den Midway-Inseln im Pazifik treffen sich Präsident Nixon und der südvietnamesische Präsident Nguyen Van Thieu. Nixon verkündet den sofortigen Abzug von 25 000 US-Soldaten.

1971

Bereits 1968 hat das amerikanische Landwirtschaftsministerium die Verwendung dioxinhaltiger Unkrautvernichtungsmittel verboten, doch in Vietnam wird Agent Orange noch bis 1971 eingesetzt. In der Operation Ranchhand versprühen US-Flugzeuge in Südvietnam über 40 Millionen Liter Agent Orange, die etwa 110 Kilo reines Dioxin enthalten. Mehr als ein Siebtel der Gesamtfläche des Landes wird dadurch zerstört.

1972

1. Januar: In Südvietnam halten sich nur noch 133 000 US-Soldaten auf. Zwei Drittel der amerikanischen Truppen wurden in den vorangegangen beiden Jahren abgezogen. Der Krieg liegt nun fast vollständig in der Verantwortung der südvietnamesischen Armee, der zu diesem Zeitpunkt über eine Million Soldaten angehören.

27. April: Nordvietnamesische Soldaten greifen die Stadt Quang Tri an. Die südvietnamesischen Einheiten ziehen sich zurück. Am 29. April nimmt die nordvietnamesische Armee Dong Ha ein, am 1. Mai folgt Quang Tri.

18. Dezember: Auf Befehl des US-Präsidenten beginnt ein neuer Bombenangriff auf Nordvietnam. Die Operation Linebacker Two dauert zwölf Tage und schließt einen dreitägigen Dauerangriff von 120 B-52-Bombern ein.

1973

27. Januar: Alle Kriegsparteien einigen sich auf einen sofortigen Waffenstillstand.

März: Die letzten US-Kampfsoldaten verlassen Südvietnam. Militärberater und Marinesoldaten, die US-Einrichtungen schützen, bleiben dagegen im Land. Für die Vereinigten Staaten ist der Krieg offiziell beendet. Über drei Millionen Amerikaner haben im Vietnamkrieg gedient, 58 000 sind ums Leben gekommen, tausend gelten als verschollen. 150 000 wurden schwer verletzt.

1974

Januar: Die Nordvietnamesen sind zwar zu schwach, um einen Großangriff zu starten, verstärken aber ihre Einheiten im Süden und besetzen Schlüsselpositionen.

1975

6. Januar: Die nordvietnamesische Armee erobert Phuoc Long und die angrenzende Provinz. Obwohl der Angriff ein klarer Bruch des Friedensabkommens von Paris ist und die Südvietnamesen eine katastrophale Niederlage erleiden, greifen die Amerikaner nicht mehr ins Kriegsgeschehen ein.

April: Fünf Wochen nach Beginn der Offensive verzeichnen die Nordvietnamesen erstaunliche Erfolge. Zwölf Provinzen und über acht Millionen Menschen unterstehen nun ihrem Befehl. Die südvietnamesische Armee hat ihre besten Einheiten, über ein Drittel ihrer Soldaten und die Hälfte ihrer Waffen verloren.

30. April: Um 4.03 Uhr kommen zwei US-Marinesoldaten bei einem Raketenangriff auf den Tan-Son-Nhut-Flughafen von Saigon ums Leben. Sie sind die letzten amerikanischen Opfer des Vietnamkriegs. Bei Tagesanbruch verlassen die letzten Soldaten, die bis dahin die US-Botschaft bewacht hatten, das Land. Nur wenige Stunden später wird die Botschaft geplündert. Nordvietnamesische Panzer rollen in Saigon ein und verkünden das Ende des Krieges. Innerhalb von 15 Jahren sind etwa eine Million nordvietnamesische Soldaten und Vietcong-Kämpfer sowie eine Viertelmillion Südvietnamesen und Hunderttausende von Zivilisten ums Leben gekommen.

DIE LETZTEN TAGE FRANZÖSISCH-INDOCHINAS

In diesem Band werden nicht nur Bilder wieder lebendig, sondern auch die Fotografen, die sie aufgenommen haben. Es geht darum, die andere Seite einer gemeinsam erlebten Geschichte zu enthüllen und einen Standpunkt zu zeigen, den wir im Westen bis heute nie wirklich begriffen haben. Selbst diejenigen unter uns, die für westliche Zeitungen arbeiteten, schenkten dem Fotomaterial der Vietnamesen wenig Beachtung, ganz gleich ob es sich um Fotos nordvietnamesischer Kommunisten oder um Aufnahmen der Nationalen Befreiungsfront in Südvietnam handelte. Einige Fotografen aus dem Norden konnten die Presse wenigstens gelegentlich als Forum nutzen, die Bilder aus dem Süden blieben dagegen bis heute größtenteils unveröffentlicht. Wie eine riesige Büchse der Pandora enthalten die bislang kaum untersuchten und publizierten Fotos das ganze Unheil des Krieges. Viele der Arbeiten sind Meisterwerke, die Preise und Ehrungen verdient hätten.

Vor über einem Jahrzehnt begann ich erstmals in den Bildarchiven von Hanoi zu stöbern. Damals suchte ich nach Arbeiten vietnamesischer Fotografen, die im Dienst des Kommunismus gestanden hatten und

Dien Bien Phu, 1954
Ein französisches Versorgungs-flugzeug stürzt während der heftigen Kämpfe im Indochina-krieg ab. Die bei Dien Bien Phu stationierten französischen Soldaten waren auf die Luftver-sorgung angewiesen, doch die Vietminh zerstörte zahlreiche Maschinen. Beim letzten Angriff der Kommunisten auf die Festung wurden 2293 ihrer 12 000 Verteidiger getötet, darunter auch zwei amerika-nische Kriegsberater.
FOTOGRAF UNBEKANNT

Viet-Nam Pictorial, 1972
Das Monatsmagazin zeigte in erster
Linie Arbeiten nordvietnamesischer
Kriegsfotografen, manchmal aber
auch Werke wie dieses Gemälde des
Fotografen und Künstlers The Dinh
von einer Schlacht in Laos.

während der langen Zeit des Konfliktes zwischen 1945 und 1975 ums Leben gekommen waren. Ich war erstaunt über den Facettenreichtum und die vielfältigen stilistischen Eigenheiten der Aufnahmen, die ich entdeckte. Einige Mitarbeiter der vietnamesischen Nachrichtenagentur Vietnam News Agency (VNA) und später der Vietnam Artistic Photographers Association (VAPA) unterstützten mich bei meiner Suche und förderten gemeinsam mit mir zahlreiche Bilder zu Tage. Letztlich fanden wir weitaus mehr als vergessene Fotografien.

Im Laufe unserer Nachforschungen wurde das gesamte Spektrum der jüngeren vietnamesischen Geschichte – die Revolution, die Befreiung und die Wiedervereinigung – vor unseren Augen lebendig. Wir brachten Bilder ans Tageslicht, die jeder der beiden zuvor verfeindeten Seiten unangenehm waren. Von meiner ersten Exkursion kehrte ich mit über 120 Bildern vietnamesischer Fotografen zurück, die genau wie 73 westliche Kollegen während des 30-jährigen Konfliktes gestorben waren. Auf diese Weise entstand der Band *Requiem*, der an die gefallenen Kameraden und an eine Zeit erinnern sollte, in der Fotojournalismus das kollektive Gewissen der Weltbevölkerung noch zu beeinflussen vermochte.

Der vietnamesische Fotograf The Dinh ist inzwischen übrigens – und geradezu symbolhaft für das vorliegende Buch – gleichsam von den Toten auferstanden. Sein Name fand sich auf einer Liste verstorbener Kollegen, die in *Requiem* veröffentlicht wurde. Als er durch einen Dokumentarfilm, der im vietnamesischen Fernsehen ausgestrahlt wurde, von seinem eigenen Tod erfuhr, schrieb er dem Direktor der VAPA und beklagte sich über die verfrühte Nachricht von seinem Ableben. Aus dem in Ausübung seines Dienstes verstorbenen Fotografen wurde ein quicklebendiger Zeitgenosse, der für die vietnamesische Geschichte steht.

Bei vielen Bildern, die ich im Laufe meiner Suche entdeckte, handelte es sich – wie häufig in der vietnamesischen Fotografie – lediglich um Negativkopien. Die Originale waren bereits lange zuvor den klimatischen Bedingungen oder den Kriegswirren zum Opfer gefallen. Ein Großteil des verbliebenen Materials hatte die Zeiten nur überdauert, weil irgendjemand es sorgfältig vor schädlichen Einflüssen schützte – vor einem Klima, das auf jeder Oberfläche Pilze entstehen lässt und Mikroben begünstigt, die Abzüge zerfressen und Negative aussehen lassen, als wären sie in einem Projektor geschmolzen.

In der Regel bezahlte ich für einen 5x7-Abzug von fragwürdiger Qualität 60 Cents. Der 8x10-Abzug, den ich fand, kostete 90 Cents. Offenkundig hatte der Fotograf das bei seinen Kameraden aus dem Norden gültige Gesetz, weder sich selbst noch Tote abzulichten, nicht beherzigt. Die Aufnahme wirkt fast surreal: Der Schatten des Fotografen fällt über einen Krater, in dem Trümmer und der verbrannte Leichnam eines Soldaten aus dem Süden liegen.

Als ich das erste Mal nach Bildern suchte, ging es mir nicht um Aufnahmen noch lebender Fotografen. Doch natürlich bewahrte ich ihre Arbeiten unauslöschlich in einer Schublade meines Gedächtnisses auf, die darauf wartete, eines Tages geöffnet zu werden.

Doug Niven ist es zu verdanken, dass diese verborgenen Zeugnisse der Vergangenheit endlich ans Licht kamen. Er hatte die kambodschanischen Porträts aus Toul Sleng, dem Verhör- und Folterzentrum der Roten Khmer in Phnom Penh entdeckt. Der Krieg und die Bilder von Menschen, die einen qualvollen Tod erwarten, beeindruckten Niven so nachhaltig, dass er der Frage nachging, wie Vietnam seine leidvolle Geschichte verarbeitete.

Jene von uns, die den Vietnamkrieg miterlebt haben, suchen noch immer nach Erklärungen für die Schrecken jener Jahre. Die Bilder westlicher Journalisten stellen unsere Tapferkeit, unseren Wagemut und Teamgeist heraus. Aus ihnen spricht die Notwendigkeit, unser Handeln zu rechtfertigen. Der Norden hatte es in dieser Hinsicht leichter: Er musste sich bis zuletzt verteidigen. Die Fotografen hatten die Aufgabe, den heldenhaften Kampf im Dienst der nationalen Sache zu dokumentieren, ganz gleich, wie erbittert er geführt wurde. Es ging darum, den Krieg vor sich selbst und den eigenen Verbündeten zu legitimieren, was den Nordvietnamesen letztlich besser gelang als uns.

WIE VIELES IN VIETNAM hielt auch die Fotografie mit den französischen Kolonialherren Einzug. Um 1840, etwa zur selben Zeit, als der Franzose Louis Daguerre ein Verfahren entwickelte, mit dem man Bilder auf Kupferplatten bannen konnte, machte sich eine französische Flotte auf den Weg nach Indochina. Ein Vierteljahrhundert später hatten die Franzosen Saigon eingenommen und die Kolonie Französisch-Indochina gegründet. Vietnam wurde nicht zum ersten Mal von fremden Mächten beherrscht – China hatte als nördlicher Nachbar bereits zuvor seinen Einfluss geltend gemacht. Während ihrer jahrhundertelangen Herrschaft hatten die Chinesen unter anderem die vietnamesische Literatur systematisch zerstört, um der landeseigenen Kultur die Basis zu entziehen.

Immer wieder versuchten die Vietnamesen, das chinesische Joch abzuschütteln. Ihre Erfahrungen in diesem schier endlosen Bemühen konnten sie später im Kampf gegen Franzosen, Japaner und Amerikaner nutzen. Sie hatten gelernt, Widerstand zu leisten und sich zu fügen, und sie hatten ganz nebenbei von ihren früheren Herren den Geist des Konfuzianismus, die Verhaltensweisen der Mandarine sowie nützliche Techniken und Errungenschaften übernommen, denen sie einen typisch vietnamesischen Charakter verliehen.

Die Vietnamesen begriffen sehr schnell, dass die Herrschaft der Franzosen und das Interesse des Westens an Indochina Neuerungen ins Land brachten, die sich zu dessen Vorteil nutzen ließen. 1868 schickte man einen gelehrten Mandarin, einen Maler und Dichter namens Tru An, nach Schanghai und Hongkong, die damals stark unter dem Einfluss des Westens standen, damit er die Kunst der Fotografie erlerne. Als er ein Jahr später nach Hanoi zurückkehrte, eröffnete er in der Straße, in der bis dahin traditionelle Heilkunst praktiziert wurde, das erste Fotoatelier des Landes. Leider blieb von Tru Ans Arbeiten fast nichts erhalten. Die einzigen Spuren, die man entdeckte, waren eine verblasste Tintenzeichnung, die ihn auf einem hohen Lehnstuhl zeigte, und ein Abzug von seiner ersten Glasplatte mit dem Bild eines sitzenden Mandarins. Vom Original und auch von der Platte fand man keine Spur; vielleicht war sie Plünderern zum Opfer gefallen. Urheber- und Eigentumsrechte lagen üblicherweise bei den Angehörigen, doch keiner der Nachfahren von Tru An vermag zu sagen, was aus der Platte geworden ist. Die Suche, die Historiker und Archivare nach ihr starteten, blieb ohne Erfolg.

In Vietnam spiegelt sich in der Fotografie die lange Tradition der Porträtkunst wider. Bevor die Fotografie des Land erreichte, fertigte man mit Feder und Tinte Bilder von Gruppen, Familien und Einzelpersonen an. Und selbst als die Fotografie in Vietnam Einzug gehalten hatte, wurden Porträts noch häufig geduldig von Hand koloriert. Im Taoismus, im Konfuzianismus und im Buddhismus spielen die Verehrung der Ahnen und der Respekt für die Familienältesten, die Familie, ihr Land, ihre Vorfahren und ihre geistige Führung eine wichtige

Hanoi, 1954 Siegreiche Vietminh-Soldaten kehren nach dem in der Genfer Indochinakonferenz vereinbarten Waffenstillstand mit den Franzosen nach Hanoi zurück. Viele vietnamesische Soldaten betraten die Hauptstadt zum ersten Mal, seit neun Jahre zuvor der Krieg gegen die Franzosen begonnen hatte und Ho Chi Minhs Truppen sich aufs Land zurückziehen mussten.

NGUYEN DUY KIEN

Viet-Nam Pictorial, 1954 Fotos von der Schlacht bei Dien Bien Phu hielten die Leser über den Fortschritt der monatelangen Belagerung auf dem Laufenden, an deren Ende die Vietminh die isolierten französischen Truppen überrannte.

Rolle. Porträts vermitteln in diesem Zusammenhang ein Gefühl der geistigen Präsenz der Familie. Auf vielen Grabsteinen und in den Schreinen, die zu jedem Haushalt gehören, findet man Bilder verstorbener Angehöriger. Seit dem Krieg sind zwei Millionen Vietnamesen ausgewandert, doch wann immer es möglich ist, kehren sie nach Hause zurück, um die Schreine ihrer Ahnen und deren Gräber aufzusuchen. Die Tradition lebt weiter.

Als der Fotograf und Revolutionär Khanh Ky in den 1920er Jahren aus dem französischen Exil zurückkehrte, begann sich die neue Technik rasch im ganzen Land zu verbreiten. Sein Fotoatelier in Paris hatte sich zum Treffpunkt für gleich gesinnte Vietnamesen entwickelt, die in der Stadt gestrandet waren. Einer von ihnen, ein junger Intellektueller, der sich selbst Nguyen Ai Quoc – Nguyen der Patriot – nannte, kehrte später unter dem Namen Ho Chi Minh nach Vietnam zurück. Auch Khanh Ky selbst kam 1924 in sein Heimatdorf Lai Xa unweit der Hauptstadt zurück und begann Fotografen auszubilden. Bald gab es in Hanoi eine ganze Reihe Läden und Ateliers. Ihre Besitzer und die Lehrlinge, die in den Dunkelkammern arbeiteten, stammten aus Khanh Kys Dorf. Überall in Indochina entstanden weitere Läden, die mit französischer Ausrüstung arbeiteten und in erster Linie traditionelle Porträts fertigten.

In den 1920er Jahren nahm der Widerstand gegen die Franzosen im ganzen Land zu. Die Franzosen reagierten darauf mit harten Repressalien, sie nahmen Dissidenten fest und schickten sie häufig in andere Kolonien irgendwo in der Welt ins Exil. Als immer mehr Vietnamesen sich der Befreiungsbewegung anschlossen, begannen die ersten, zunächst allerdings noch nicht bebilderten Aufrufe und Manifeste im Lande zu kursieren. Erst als Jahre später Drucke, Karten und Skizzen vervielfältigt wurden, kamen auch Fotos hinzu. Zunächst konnten die Revolutionäre nur mit großer Mühe Tinte und Papier für ihre Traktate beschaffen, von Druckerpressen und Fotoplatten ganz zu schweigen. Immerhin schloss sich die erste Generation der Studiofotografen nach und nach der Bewegung an und begann in aller Heimlichkeit die Ereignisse zu dokumentieren.

Dinh Dang Dinh, der später zu Ho Chi Minhs persönlichen Fotografen gehörte, machte seine ersten journalistischen Aufnahmen bei einer Arbeiterdemonstration im Jahre 1936. Er hatte sein Handwerk bei dem bekannten Porträtfotografen Nguyen Van Huu erlernt, der das Bell Photo Studio in Hanoi betrieb. Bereits als Junge gehörte Dinh in der Ecole Supérieure, die er besuchte, zum Kreis der Widerstandsbewegung. Als junger Mann war er der Kommunistischen Partei beigetreten, und er vertrat die Ideale der Revolution. Der begabte Fotograf lichtete jedes brauchbare Motiv ab – Brücken, Bahnhöfe, ja sogar französische Restaurants. Zwischen 1941 und 1945 machte er klassische Propagandaaufnahmen, die den Krieg illustrierten und legitimierten.

Ho Chi Minh hatte vier Jahre im Pariser Studio von Khanh Ky gearbeitet und in dieser Zeit viel über die Macht der Bilder gelernt. Er begriff rasch, wie wichtig es war, die erwachende Revolution zu dokumentieren. 1945 traf er sich mit drei Fotografen und bat sie, diese Aufgabe zu übernehmen. Dinh war einer dieser drei; dazu gesellten sich Trieu Dai und später Tran Cu. Diese drei Männer überwachten und prägten fortan den Einsatz der neuen Fototechniken in Vietnam. Ihre eigenen Aufnahmen gingen um die Welt.

Die Entwicklung der Fotografie spiegelte den Fortgang der Revolution wider. Bald schon hielten illustrierte Druckerzeugnisse Einzug in Vietnam. Die erste Zeitung, *Viet-Nam Pictorial*, erschien bald nach der französischen Niederlage bei Dien Bien Phu. Die Erstausgabe vom 11. Oktober 1954 verbindet Bilder aus französischen Quellen mit den ersten ernsthaften Versuchen vietnamesischer Fotojournalisten. Trieu Dais Aufnahmen vom letzten Angriff auf Dien Bien Phu waren ebenso vertreten wie Bilder der Schlacht, die ein Kamerad Dais mit 16-Millimeter-

Filmmaterial aufgenommen hatte. Auch der Marsch der 7000 französischen Gefangenen ins Lager wurde gut dokumentiert.

Aus dem Guerillakampf gegen die Franzosen heimgekehrte Fotografen hielten die Befreiung Hanois und Ho Chi Minhs triumphalen Einzug in die Stadt, die Truppenparade auf dem Bach-Dang-Platz und seine Rede an die Bürger des neu ausgerufenen Staates im Bild fest. Nguyen Dinh Uu, Dinh Dang Dinh und ein halbes Dutzend anderer arbeiteten an der ersten in Nordvietnam publizierten Tageszeitung mit.

Zunächst herrschte nun eine Feuerpause, die viele fälschlich als Frieden deuteten. 1954 wurde dann auf der Indochinakonferenz in Genf die Teilung des Landes entlang des 17. Breitengrads beschlossen. Im Norden sollte fortan Ho Chi Minh über die kommunistische Demokratische Republik Vietnam herrschen, während im Süden zunächst Bao Dai als Kaiser die Geschicke des Landes lenkte. Die Teilung Vietnams hatte die Trennung ganzer Familien zur Folge. Aus ideologischen, religiösen und wirtschaftlichen Gründen zog es Tausende in den Norden, während andere aus denselben Motiven in den Süden flüchteten. Die Familie des Fotografen Mai Nam verhielt sich ähnlich wie die meisten anderen: Der Vater fand in Hanoi keine Arbeit und wanderte deshalb mit seinen jüngeren Kindern nach Süden. Mai Nam und sein älterer Bruder blieben zurück, um den Aufbau des neuen Staates voranzutreiben.

Je stärker die Revolution in Schwung kam, desto mehr Fotografen benötigte man. Die meisten hatten, selbst wenn sie aus einfachen Verhältnissen stammten, eine französische Erziehung genossen. Da sie gut Französisch sprachen, konnten sie Gebrauchsanweisungen und Bücher über

Fotografie lesen. Natürlich beeinflusste der Geschmack der Kolonialherren ihren Stil, der sich in vielen Fällen durch den in Frankreich damals üblichen Realismus und eine bewusst karg gehaltene Komposition auszeichnete. Erst als Ende der fünfziger und Anfang der sechziger Jahre vietnamesische Parteifunktionäre in Moskau und Leipzig zu Fotojournalisten ausgebildet wurden, veränderte sich der Stil – er wurde formeller, propagandistischer und zugleich kälter. Zu jener Zeit bekamen die in Vietnam lebenden Fotografen immer seltener Zugang zu ausländischen Publikationen und nahmen die Arbeiten der westlichen Kriegsberichterstatter so gut wie nie zur Kenntnis.

Viele ältere vietnamesische Fotografen, die sich bereits sehr früh der Revolution angeschlossen hatten, leben heute noch. Noch immer ziehen diese alten Herren in ihren Dunkelkammern Bilder ab, noch immer stehen sie für den Kampf gegen den Kolonialismus und das Bemühen, die Nation zu einen. In ihren Biografien und Aufnahmen spiegelt sich die gesamte jüngere Geschichte Vietnams wider.

Madame Kien besitzt Aufnahmen, die ihr Mann von den Kämpfen gegen die Franzosen und während der Hungersnot 1945/46 anfertigte, die in Tongking fast zwei Millionen Opfer forderte. Sie hat auch Fotos vom Freudentaumel über die Befreiung in den fünfziger Jahren aufbewahrt. Das Glück dauerte nur kurze Zeit. In den darauf folgenden 25 Jahren kamen drei Millionen Menschen durch den Krieg ums Leben.

Hanoi, 1945 Totenschädel und Knochen erinnern an die Hungersnot von 1945, der ein bis zwei Millionen Vietnamesen zum Opfer fielen. Damals beanspruchten die japanischen Besatzer Nahrungsmittelreserven für sich, während gleichzeitig eine verheerende Flutkatastrophe die Ernte vernichtete. Das schaurige Bild lässt das Grauen des nahenden Krieges ahnen. Als wohlhabender junger Mann hatte Kien in seiner frühen Phase Frauen, Blumen und Landschaften fotografiert.
NGUYEN DUY KIEN

RÄTSELHAFTER HO CHI MINH

Obgleich Ho Chi Minh zu den bedeutendsten politischen Persönlichkeiten des 20. Jahrhunderts gehört, weiß man über den Vater der vietnamesischen Unabhängigkeit im Grunde nur sehr wenig. Im Westen kennt man vor allem das Bild eines zerbrechlich wirkenden Mannes mit dünnem Spitzbart, der ganz und gar nicht wirkt wie ein Kriegsherr. Für sein Land leistete er genauso viel wie Winston Churchill oder Franklin Roosevelt für England oder Amerika.

Wer war Ho Chi Minh wirklich? Am ehesten vermutlich eine vielschichtige Persönlichkeit mit vielen verschiedenen Lebensphasen.

Er kam 1890 in einem Dorf in Mittelvietnam zur Welt und wurde zunächst Sinh Cung genannt. 1901 starb seine Mutter, der Vater wurde 1908 wegen Trunkenheit und Unfähigkeit vom Dienst als Beamter suspendiert und verdiente seinen Lebensunterhalt danach als fliegender Händler für orientalische Heilmittel. Wie fast alle seine Landsleute litt der Knabe unter der strengen Herrschaft der französischen Kolonialmacht. Mit 21 Jahren verließ er seine Heimat und kehrte erst 30 Jahre später nach Vietnam zurück. Drei Jahrzehnte lang wanderte er durch die Welt und lernte die unterschiedlichsten Lebensumstände kennen. Er nahm mehrere Namen an – unter anderem hieß er Nguyen Ai Quoc, »Nguyen der Patriot«, Tran Luc und Viktor. Er sprach fließend Französisch, beherrschte aber auch Englisch, Russisch, Thai und mindestens drei chinesische Dialekte.

Ho verbrachte fast drei Jahre an Bord französischer Frachter, die in allen Hafenstädten der Erde anlegten. Eine Zeit lang lebte er in den Vereinigten Staaten, wo er sein Geld als Arbeiter in Boston und Brooklyn verdiente. Später verdingte er sich als Konditor im Carlton Hotel in London. In jener Zeit nahm er Kontakt zu irischen Nationalisten und anderen politischen Aktivisten in London auf. Von dort aus ging er nach Paris, wo er weitere sechs Jahre blieb.

In den Salons und den Sitzungssälen der Seine-Stadt traf Ho in den zwanziger Jahren mit Sozialisten und Kommunisten zusammen, die seine politischen Ambitionen weckten. Sein ganzes Leben lang arbeitete er von nun an dafür, ein unab-

GEGENÜBER

Bei Dong Khe, 1950
Zusammen mit chinesischen Beratern beobachtet Ho von einem Stützpunkt in den Bergen an der Grenze zwischen Vietnam und China einen Kampf zwischen Franzosen und der Vietminh. Nachdem die Kommunisten 1949 in China die Macht übernommen hatten, begannen sie Ho zu unterstützen und versorgten die Vietminh mit Geld und modernen Waffen.

DINH DANG DINH

Hanoi, 11. Oktober 1945
Brigadegeneral Philip E. Gallagher trifft in Hanoi ein, um die Japaner zum Abzug aus Vietnam zu bewegen, das sie seit dem Zweiten Weltkrieg besetzt halten. Zur Linken Gallaghers steht Ho Chi Minh, zu seiner Rechten Kaiser Bao Dai. Während des Krieges unterhielt Ho gute Beziehungen zu den USA. Er erhoffte sich Unterstützung im Kampf um die vietnamesische Unabhängigkeit, die er am 2. September 1945 verkündet hatte.

FOTOGRAF UNBEKANNT

Quan Doi Nhan Dan
3. September 1969 Die vietnamesische Militärzeitung gibt bekannt, dass Ho Chi Minh im Alter von 79 Jahren verstorben ist. Seine Anhänger kämpften daraufhin noch entschiedener für die Unabhängigkeit ihres Landes.

hängiges, kommunistisches Vietnam zu schaffen. Auf dem Weg zu seinem Ziel gelangte er auch nach Moskau, wo er Stalin und anderen wichtigen Sowjetführern begegnete, und reiste von dort weiter nach China. Er versuchte die Exilgemeinden in China und Thailand für seine Pläne zu gewinnen, was ihm Gefängnisstrafen in China und Hongkong einbrachte. Er überlebte die Tuberkulose, Malaria und Amöbenruhr.

1941 kehrte er nach Vietnam zurück und begann mit dem Kampf für sein erstes Ziel – die französischen Kolonialherren und die japanischen Besatzer aus dem Land zu vertreiben. In jener Zeit nahm er den Namen an, unter dem ihn die Nachwelt kennt – Ho Chi Minh, »Ho mit dem klaren Willen«. Die Heimkehr gestaltete sich zunächst wenig triumphal – Ho bezog Stellung in einer Höhle bei Pac Bo im Norden Vietnams unweit der chinesischen Grenze. Doch der Einfluss des Führers der kommunistisch beherrschten Unabhängigkeitsbewegung Vietminh wuchs rasch und stetig.

Weil sie den Japanern Widerstand leistete, erhielt die Vietminh Waffen und finanzielle Zuwendungen von den USA. Ho glaubte deshalb zunächst, die Vereinigten Staaten würden ihn im Kampf für die vietnamesische Unabhängigkeit unterstützen. Als die ersten Teams des amerikanischen Geheimdienstes 1945 in Nordvietnam eingeschleust wurden, bat Ho angeblich deren Führer um ein Exemplar der amerikanischen Unabhängigkeitserklärung und eine Packung Lucky Strikes. Allerdings zeigte sich bald, dass mit amerikanischer Hilfe gegen die Franzosen nicht zu rechnen war. Als diese sich nach dem Zweiten Weltkrieg anschickten, in ihre Kolonie zurückzukehren, brach ein Volksaufstand aus, der in einen drei Jahrzehnte dauernden Krieg mündete.

Ho Chi Minh führte sein Land acht Jahre lang durch den Krieg gegen Frankreich und regierte noch, als der Konflikt mit Südvietnam und seinen amerikanischen Verbündeten eskalierte, erlebte jedoch die Wiedervereinigung der beiden Teile Vietnams nicht mehr. Er starb 1969, sein Leichnam wurde einbalsamiert und 1975 in einem nach dem Vorbild von Lenins Grab gestalteten Mausoleum in Hanoi aufgebahrt.

Für die meisten Vietnamesen war Ho Chi Minh die vietnamesische Antwort auf George Washington und Thomas Jefferson. Der Mann, der seine Heimat verließ und kaum noch Kontakt zu seiner Familie hielt, galt Millionen von Vietnamesen als Vaterfigur. Wer sich einen Eindruck davon verschaffen möchte, wie präsent Ho Chi Minh noch heute in Vietnam ist, braucht nur einen Blick auf das Papiergeld, den Dong, zu werfen. Jede Banknote zeigt das Porträt desselben Mannes: Bac Ho – Onkel Ho.

Unbekannter Ort, 1953

Ho trifft sich mit Partei- und Militärführern, um den Kampf gegen die Franzosen bei Dien Bien Phu zu planen. Zu den »vier Säulen« der Kommunistischen Partei Vietnams gehörten neben Ho noch Pham Van Dong, Truong Chinh und General Vo Nguyen Giap, der die Vietminh bei Dien Bien Phu zum Sieg führte.

DINH DANG DINH

Hanoi, 19. Mai 1955

Kurz nach dem Abzug der französischen Truppen aus Vietnam inspiziert Ho Chi Minh die Militäreinheit Hoang Ngan auf dem Militärflughafen Bach Mai. Während des Indochinakrieges schützte diese Einheit aus dem Gebiet Hai Duong östlich von Hanoi die Nationalstraße 5, die wichtigste Verbindung zwischen der nordvietnamesischen Hauptstadt und Haiphong, dem bedeutendsten Hafen des Nordens.

NGUYEN DINH UU

DINH DANG DINH

1974 wurde ich nach Süden geschickt, um den Ho-Chi-Minh-Pfad und einen seiner wichtigsten Abschnitte, die Route 9 im südlichen Laos, zu fotografieren. Fast ein Jahr lang blieb ich im Süden und bereiste den Pfad auf seiner gesamten Länge. Er war von großer historischer Bedeutung und musste unbedingt dokumentiert werden. Einige meiner Kollegen waren bereits vor Ort im Einsatz gewesen, doch nur wenige hatten Bilder des Pfades veröffentlicht.

Im Laufe meines Aufenthaltes verwendete ich drei Kameras und verbrauchte rund hundert Filme. Unter anderem entstanden phantastische Bilder von der Nord-Süd-Versorgungslinie. Wir hielten uns im Urwald auf und wurden die meiste Zeit über bombardiert. Wenn ein Flugzeug auftauchte, konnte man nur die Beine in die Hand nehmen und Deckung suchen. Eines Tages warf ein feindliches Flugzeug Bomben genau über uns ab. Wir befanden uns unweit von Loc Ninh am südlichen Ende des Pfades, nördlich von Saigon in der Nähe der kambodschanischen Grenze. Ich war in so großer Gefahr, dass ich meine gesamte Ausrüstung zurücklassen und um mein Leben rennen musste, andernfalls wäre ich umgekommen. Innerhalb weniger Minuten ging auf diese Weise meine gesamte Arbeit verloren. Alles, jedes Stück war zerstört, und ich hatte sogar meine Sandalen und meinen Hut verloren. Ich besaß nur noch das Hemd und die Hose, die ich am Leib trug. Dennoch war ich froh, mit dem Leben davongekommen zu sein. Einige Tage später kehrte ich zurück, um nach meiner Kamera und den Filmen zu suchen. Ich fand nur noch einige Filmstreifen und Kleiderfetzen, die von Ästen herabhingen. Die Flugzeuge hatten Phosphor- und Napalmbomben abgeworfen, die alles verbrannten, so dass nichts übrig blieb. Mein Film war unter der Einwirkung des Lichts unbrauchbar geworden. Ich erfuhr nie, was aus meinen Kameras geworden war, sie blieben einfach verschwunden. Als ich schließlich mit leeren Händen nach Hanoi zurückkam, sagten mir die Regierungsbeamten, ich solle mir wegen des Materials keine Sorgen machen. Viel wichtiger sei, dass ich überlebt hätte. Es nütze nichts, den Sachen nachzutrauern. Dennoch konnte ich vor Kummer mehrere Monate kaum schlafen. Ich hatte ein so großes Opfer gebracht und hielt nun nichts dafür in den Händen. Noch heute bedrückt mich der Verlust so, dass ich manchmal nicht schlafen kann.

Den Höhepunkt meiner Laufbahn erlebte ich als persönlicher Fotograf von Ho Chi Minh. Präsident Ho weilt nicht mehr unter uns, doch ich möchte Ihnen etwas von ihm berichten: Während die USA Nordvietnam bombardierten, verließ er niemals das Land, er floh nie. Er blieb in seinem Haus in Hanoi. Aus welchen Gründen auch immer fielen im Umkreis von einem Kilometer um sein Haus niemals Bomben. Auch die Partei- und Regierungszentrale wurde nie getroffen, vielleicht weil man es für unklug hielt, diese Schlüsselstellungen während des Krieges zu zerstören. Die gesamte Stadt war inzwischen evakuiert. Doch Ho, die Parteiführer und die Regierungsvertreter beschlossen zu bleiben. Weil Ho blieb, blieb auch ich. Es gab aber nie irgendwelche Schwierigkeiten.

1936 hatte ich mich dem antifranzösischen Widerstand angeschlossen. Als Ho 1941 bei Pac Bo (nahe der chinesischen Grenze) einen Stützpunkt gegen die Japaner einrichtete, durfte ich die politischen Aktivitäten der Widerstandsbewegung fotografieren. Zu der Zeit, als Ho in den nördlichen Bergen lebte, bat er uns, ihm ein schlichtes Pfahlhaus an einem Fluss zu bauen, in dem er gern badete. Er wollte seinem Volk stets nahe sein und einfach leben, doch andererseits musste sein Aufenthaltsort geheim bleiben. Er besaß ein großes Stück Land, das er bewirtschaftete und auf dem er Sport, zum Beispiel Volleyball, trieb.

Einen Monat nach dem 2. September 1945, jenem Tag, an dem Ho die Unabhängigkeit Vietnams von Frankreich erklärt hatte, hatte ich die Ehre, das erste offizielle Porträt von ihm zu machen. Zu jener Zeit wusste ich überhaupt nicht, dass Ho identisch mit dem großen Patrioten Nguyen Ai Quoc war, von dem wir alle gehört hatten. Wäre mir dies klar gewesen, so hätte ich ihn anders aufgenommen. Wie dem auch sei – Sinn der Sache war, das Porträt unter die Leute zu bringen, damit sie erfuhren, wer Ho war. Wir fertigten Vergrößerungen an und schickten sie in alle Teile des Landes. Während der Ereignisse von 1945 und im gesamten Jahr 1946 blieb ich in Hanoi und fotografierte unter anderem auch Hos Treffen mit den Befehlshabern der französischen Kolonialstreitkräfte. Ich

Hanoi, 1960 Ho Chi Minh schreibt im Garten des Präsidentenpalastes Empfehlungsbriefe. Ho gab den Palast zu Gunsten eines einfachen Zweizimmer-Pfahlbaus in der Nähe auf. Der Fotograf betont, dass Ho sein Haus auch während der US-Bombardements nie verließ. »Aus welchen Gründen auch immer fielen im Umkreis von einem Kilometer um sein Haus niemals Bomben.«

DINH DANG DINH

begleitete Ho nicht nach Frankreich, doch als er im Oktober 1946 zurückkehrte, fotografierte ich ihn in Haiphong.

Als der Krieg ausbrach, hielt ich im November 1946 die Angriffe der Franzosen auf Lang Son und Haiphong im Bild fest. Im Dezember wurde ich abkommandiert, um in Sektion 3 von Hanoi als Aufklärungsfotograf am Krieg gegen die Franzosen teilzunehmen. Die Straßenkämpfe waren so heftig, dass ich nur mit knapper Not überlebte. Wir eroberten und hielten die Straßen Kham Thien und Hang Bot, bis wir den Befehl zum Rückzug bekamen. Als ich jedoch von meiner Einheit getrennt wurde, hielt ich es für sinnvoll, in Hanoi zu bleiben, um den heldenhaften Kampf von Hos Widerstandsbewegung zu dokumentieren. Das Jahr 1948 brachte für mich eine große Überraschung. Der Generalsekretär der vietnamesischen Arbeiterpartei besuchte mich in Hanoi und bat mich, ihn in den Norden zu begleiten, um wichtige Parteifunktionäre zu fotografieren. Unvermittelt fand ich mich in der Parteizentrale wieder und machte Aufnahmen von Ho. Dies blieb meine Aufgabe, bis er 1969 starb.

Meine Aufnahmen aus der Zeit des Widerstandes sind etwas ganz Besonderes. Alles war schwierig. Es gab keinen Strom. Die

Franzosen hatten eine Wirtschaftsblockade über die von der Vietminh beherrschten Gebiete verhängt, so dass es fast unmöglich war, Papier und Filme aus Hanoi heranzuschaffen. Ho meinte jedoch, dass er ein Foto von sich benötige, um es Besuchern zu überreichen. Ich versuchte ihm zu erklären, dass ich ohne Strom und Material mehrere Tage benötigen würde, um Abzüge anzufertigen. »Schwierigkeiten machen klug«, antwortete er nur.

Also richtete ich in einem finsteren Bunker eine Dunkelkammer ein, baute ein Vergrößerungsgerät aus Holz und bestückte es mit den Linsen aus meiner Kamera. Dann belichtete ich das Papier mit Hilfe von Sonnenlicht, das durch einen schmalen Spalt im Dach fiel. Als Behälter benutzten wir große Bambusrohre. Zum Wässern der Abzüge verwendeten wir ebenfalls Bambus, den wir durchschnitten und mit Bienenwachs versiegelten. Wir wässerten Filme und Fotos auch im nahe gelegenen Fluss, wobei wir bessere Ergebnisse erzielten als mit Brunnenwasser. Alle Fotos aus den neun Jahren, während denen ich im Urwald arbeitete, sind bis heute unversehrt. Offenbar enthielt das Wasser Stoffe wie Kalzium, die die Filme und Abzüge besonders haltbar machten.

Hanoi, 1946 Ein vietnamesisches Waisenkind steht in den Trümmern des Waisenhauses. Französische Truppen hatten das Haus bombardiert, als sie nach dem Zweiten Weltkrieg in Vietnam an die Macht zurückkehrten. Die Ehefrau des Fotografen erinnert sich, dass er die Aufnahme machte, um die »abscheuliche französische Politik der verbrannten Erde« zu dokumentieren.

NGUYEN DUY KIEN

GEGENÜBER

Provinz Bac Can, 1950 Soldaten der Vietminh überqueren eine Bambus-
Pontonbrücke, die man während der Bien-Gioi-Offensive gegen die
Franzosen errichtet hatte. Die Brücke wurde neun Jahre vor dem Ho-Chi-
Minh-Pfad gebaut, doch verwendete man dabei bereits dieselben
Konstruktionstechniken wie später im Kampf gegen die Amerikaner.

FOTOGRAF UNBEKANNT

Dien Bien Phu, 1954 Soldaten der Vietminh ruhen sich in einer Stellung
des Hunderte von Kilometer langen Grabensystems aus, das ihnen während
der zweimonatigen Belagerung der französischen Garnison an der Grenze zu
Laos westlich von Hanoi Schutz bot. Mit dem Sieg von General Vo Nguyen
Giap bei Dien Bien Phu endete die französische Besetzung Indochinas.

FOTOGRAF UNBEKANNT

Haiphong, August 1955 Ein Kommandeur der Vietminh und ein
französischer Offizier diskutieren nach Kriegsende Pläne für den Abzug
der letzten Franzosen aus Vietnam. Die Herrschaft der Franzosen über
Vietnam begann 1859 und endete blutig. Über 35 000 französische
Soldaten starben im Indochinakrieg; die Verluste der Vietnamesen
waren noch höher.

NGUYEN DINH UU

Hanoi, 9. Oktober 1954 Besiegte französische Soldaten verlassen die Armeeunterkünfte in Hang Dau. Das Genfer Abkommen hatte eine Demarkationslinie am 17. Breitengrad und allgemeine Wahlen verfügt, die zur Wiedervereinigung führen sollten. Der Süden boykottierte jedoch die Wahlen, und eine neue Phase des Konfliktes begann.

NGUYEN DINH UU

NGUYEN DINH UU

Meinen ersten großen Auftrag erhielt ich um 1947, als ich Kriegsgefangene während unseres Widerstandskampfes gegen die französische Kolonialherrschaft fotografierte. Ich arbeitete für die Zeitung einer Widerstandsgruppe, als meine Guerillaeinheit mehrere französische Soldaten festnahm. Wir beschlossen, sie zu fotografieren und ihre Bilder für Propagandaflugblätter zu verwenden. Auf diese Weise hofften wir, andere französische Soldaten zum Desertieren zu bewegen.

Es war nicht leicht. Zu jener Zeit besaßen wir keine Dunkelkammer und mussten die Fotos mitten im Urwald auf dem nackten Stein entwickeln und vergrößern. Ich war ein völliger Neuling auf dem Gebiet der Fotografie. Als Jugendlicher hatte ich mit einigen Freunden, die Kameras besaßen, fotografiert, doch besaß ich selbst weder eine Kamera noch besonderes Geschick, sondern lediglich eine gute Portion Entschlusskraft. Wir nahmen die Gefangenen auf, druckten Flugblätter und warfen sie über den von Franzosen kontrollierten Bergen ab, so dass die französischen Soldaten sie zu Gesicht bekamen. Unter den Bildern stand: »Nimm dieses Bild in die Hand und lauf zu deinem Freund über.«

Als 1965 die Amerikaner kamen, ging ich zu *Bao Anh Viet-Nam (Viet-Nam Pictorial)*. Wie viele Kollegen arbeitete ich zugleich als Infanterist und Bildjournalist. Ich war für das Gebiet Vinh Linh nördlich des Flusses Ben Hai zuständig, der Demarkationslinie zwischen Nord- und Südvietnam. Vinh Linh besteht zu weiten Teilen aus einer Küstenlandschaft mit Sanddünen und niedrigen Hügeln, über denen ständig US-Bomber kreisten.

Ich sollte den Alltag und den Kampfgeist der vor Ort lebenden Menschen im Bild festhalten – von Menschen, die gezwungen waren, unter der Erde zu leben, wenn sie nicht den amerikanischen Bomben zum Opfer fallen wollten. Als das Bombardement begann, brachte man Alte und Kinder in die Berge. Nur die Soldaten, Männer wie Frauen, blieben zurück, um zu kämpfen und die Reisfelder zu bestellen. Um sich vor Angriffen zu schützen, hatten sie tiefe Tunnel in den Sand und die Hügel gegraben. Diese Gänge und Tunnel verbanden die verschiedenen Dörfer miteinander. Die Menschen lebten sehr gefährlich. Manchmal fielen Bomben oder Granaten direkt in die Eingänge der Tunnel. Wenn alles ruhig war, kamen die Leute heraus und gingen auf die Felder. Aber wer sich draußen aufhielt, musste stets den am nächsten gelegenen Tunneleingang im Blick behalten. Wenn die Sirenen zu heulen begannen, stürzten alle so

schnell wie möglich zurück unter die Erde. Mehrfach retteten Milizsoldaten mir das Leben, indem sie mich rasch zum nächsten Tunnel brachten. Andernfalls wäre ich verloren gewesen. Amerikanische Flieger, Schiffe und der Artilleriestützpunkt bei Con Thien gleich auf der Südseite des Flusses nahmen uns scharf unter Beschuss. Wir verloren einige Leute, jedoch nicht allzu viele.

Das Leben unter der Erde war gar nicht so schlecht. Wir besaßen Taschenlampen und Öllampen. Weil wir alle eng aufeinander hockten, freundeten wir uns rasch an. Die Einheimischen betrachteten mich als ihren Bruder, und ich teilte ihren Alltag, ihre Freude und ihr Leid. Das blieb so, wo immer ich auch hinkam. Bei einer Einheit verbrachte ich mehrere Monate. Ich lebte mit den Soldaten und dem Volk zusammen. Ich schloss Freundschaft mit vielen Leuten. Nur so kann man gute Fotos machen – indem man den Menschen, die man aufnimmt, nahe ist, sie mit Liebe und Respekt behandelt.

Um Motive einzufangen, die man für Propagandaschriften verwenden konnte, musste man immerzu wachsam bleiben. Der Moment, der mich am meisten mit Stolz erfüllte, kam, als ich eine Fliegerabwehrtruppe mit 37-Millimeter-Kanonen auf Con Co unmittelbar vor der Küste besuchte. Die gesamte Insel war – genau wie Vinh Linh – von einem Tunnelnetz durchzogen. Ich erinnere mich noch an den schrecklichen Augenblick, als amerikanische Flugzeuge genau auf die Soldaten zuflogen, die mutig die Stellung hielten. Sie waren zu jeder Tages- und Nachtzeit kampfbereit. Die Artilleristen blieben stehen und feuerten auf die Flugzeuge, und ich stand hinter ihnen und fotografierte. Natürlich hatten wir alle Angst, getötet zu werden. Aber Angst ist etwas ganz Normales. Doch wenn man sich ganz und gar auf seine Aufgabe konzentrierte, verschwand die Furcht. Wir waren aufeinander angewiesen. Weil wir uns alle in der gleichen gefährlichen Situation befanden, fanden wir es selbstverständlich, dass man bereit war, sich für die anderen zu opfern. Der gemeinsame Kampf ließ unsere persönlichen Gefühle in den Hintergrund treten.

Cao Bang, 1953 Fotograf Uu fährt mit seiner Ausrüstung auf dem Fahrrad zurück nach Hanoi. Erst fünf Jahre zuvor hatte er sein erstes Bild gemacht. Mit seinen Kameraden hatte er mehrere Franzosen gefangen genommen und das Ereignis mit der Kamera eines Verhafteten fotografiert.
NGUYEN DINH UU

GEGENÜBER

Gia Lam, 1969 Dieses Propagandafoto, das später eine Briefmarke zierte, trägt den Titel »Ein heldenhafter Soldat der Fliegerabwehrtruppe 5 mit seinem Artilleriegeschoss«. Das Foto, mit dem man beim Volk um Unterstützung für den Krieg warb, entstand in einem Vorort von Hanoi, wo es in Wirklichkeit niemals zu Gefechten kam.
NGUYEN DINH UU

Die Einheimischen und die Soldaten bemühten sich nach Kräften, uns zu beschützen. Gewöhnlich wurde ich von Soldaten begleitet, wenn ich mich auf der Insel von einem Ort zum anderen begab. Diese Eskorte war sehr hilfreich. Wenn sich Flugzeuge näherten, gaben die Leute einen Schuss in die Luft ab. So waren wir gewarnt und konnten uns im nächsten Tunnel in Sicherheit bringen.

Meistens blieb ich ein bis zwei Monate in Vinh Linh. Dann fuhr ich mit dem gesammelten Material auf dem Fahrrad 560 Kilometer unter dem permanenten Bombardement von US-Flugzeugen zurück nach Hanoi. Die Reise dauerte rund 20 Tage. Die Straßen waren schlecht, die meisten Brücken zerstört. Da ich mit dem Fahrrad unterwegs war, versuchte ich die gefährlichsten Stellen zu meiden und wartete, bis der Bombenhagel etwas nachließ. Um mein Rad nicht zu sehr zu strapazieren, folgte ich den Reifenspuren von Militärfahrzeugen. Wenn ich Glück hatte und gerade keine Bomben fielen, nahm mich manchmal ein Auto ein Stück mit. Überall an den Straßen standen Soldaten, die uns Mut machten und uns über die zu erwartenden Bombardements informierten. Auf diese Weise machte die Reise manchmal richtig Spaß. Jeder leistete seinen Beitrag zum Gelingen der Fotos: die Leute in Vinh Linh, die Miliz, die Soldaten, alle.

Da ich auf dem Weg sowohl auf mich selbst als auch auf meine Ausrüstung aufpassen musste, konnte ich keine weiteren Bilder mehr machen. Wir mussten sehr vorsichtig sein, weil wir nur über sehr wenig Material verfügten, das die Zeitung uns zur Verfügung gestellt hatte. Ein Foto galt uns genauso viel wie den Soldaten ein Schuss, und so wählten wir unsere Ziele sehr sorgfältig. Selbst wenn wir Geld gehabt hätten, wären keine Läden da gewesen, in denen wir neue Filme hätten kaufen können. Wir kämpften gegen das reiche Amerika, das unendlich viele Bomben, Kugeln und Filme besaß. Vietnam dagegen war arm und musste sparen.

Die jungen Fotografen von heute arbeiten anders. Sie bedienen sich moderner Techniken und Transportmittel. Sie können alles im Voraus vereinbaren. Ich kam immer ohne irgendwelche Vorbereitungen an. Ich lebte und aß mit den Leuten. Ich teilte ihre Not und ihren Kummer. Heute essen und schlafen die Fotografen in Hotels. Sie haben keinen direkten Kontakt mehr zu den Menschen, die sie ablichten. Wenn man jemanden fotografieren will, muss man ihm Geld dafür zahlen. Das ist ein ganz anderes Gefühl. Wenn man gemeinsam kämpft, einer für alle und alle für einen, dann entstehen Liebe und Zuneigung. Dass die Amerikaner ihre Bomben auf uns warfen und alles zerstörten, schweißte uns nur noch enger zusammen. Ich erinnere mich an eine alte Frau auf Con Co, die sich weigerte, ihre Heimat zu verlassen. Sie bestand darauf, bei den Soldaten zu bleiben und ihren Dienst zu verrichten: Sie flickte jedesmal die Fahne, wenn eine feindliche Kugel ein Loch hineingerissen hatte.

DER KRIEG IM EIGENEN LAND: DIE GETEILTE HEIMAT

2. KAPITEL

Hai Duong, 1967
Frauen bewachen die Lai-Vu-Brücke auf halber Strecke zwischen Hanoi und dem Hafen von Haiphong an der National-straße 5. Hanoi und Haiphong wurden 1967 heftig bombar-diert. Milizen, die in der Regel aus Männern und Frauen bestanden, spielten im Norden eine wichtige Rolle. Sie nah-men fast alle abgestürzten US-Piloten gefangen.
MAI NAM

Seit dem Bürgerkrieg hatten die Vereinigten Staaten keinen Krieg mehr auf eigenem Boden erlebt. Dies blieb so, bis der Vietnamkrieg den Alltag auf den Straßen und an den Universitäten veränderte. Zunächst erreichten nur einige Fotos vom Kriegsgeschehen die Öffentlichkeit, doch als der Konflikt immer weiter eskalierte, als mehr und mehr Soldaten in den Fernen Osten geschickt wurden, beschäftigten sich die Medien immer stärker mit dem Thema, und bald schon konnte die Nation den Krieg am Bildschirm verfolgen. Die neuen Farbfernsehgeräte trugen den Tod von Freunden und nahen Verwandten schonungslos ins heimische Wohnzimmer.

In Vietnam spielte sich der Krieg an zwei Fronten ab. Im Norden kämpften die Vietnamesen gegen die Luft- und Seeangriffe der Amerikaner und gegen den Hunger. Alle – Männer, Frauen und Kinder – waren rund um die Uhr im Einsatz, um das Land und die Menschen irgendwie am Leben zu erhalten. Jeder arbeitete im Dienst der gemeinsamen Sache, zum Beispiel wenn es galt, die durch Bomben entfachten Brände zu löschen. Im Süden konnte jedes Dorf, jedes Reisfeld, jedes Haus urplötzlich auf der Frontlinie liegen. Die Amerikaner verfolgten die Frontbewegungen am

Viet-Nam Pictorial, März 1969
Junge Soldaten in heldenhafter
Pose schmücken das Titelbild des
Monatsmagazins. Die Opfer der
jungen Männer und Frauen
gehörten zu den zentralen Themen
der nordvietnamesischen Presse.

Computer, der farbige Karten mit rosa bis dunkelrot unterlegten Zonen zeichnete, je nachdem, wie weit der Feind vorstieß oder zurückgedrängt wurde. Die Menschen im Süden Vietnams wurden durch den Krieg zu Flüchtlingen im eigenen Land.

Jeder abgegebene Schuss schlug irgendwo ein – ganz gleich, welche Seite davon betroffen war. Da es keinen festen Frontverlauf gab, sondern höchstens kurzfristige Frontlinien wie bei der Belagerung von Khe Sanh, konnte der Krieg jederzeit überall ausbrechen. Die Gewalt entlud sich beispielsweise in Form einer Bombe des Vietcong, die im Herzen von Saigon vor einer Bar oder einem Hotel explodierte; sie erschien als Rakete, die auf einem Kirchendach landete, oder als Artilleriefeuer auf die Strohhütte eines Bauern. Urplötzlich feuerte der Pilot eines Kampfhubschraubers wie ein Besessener auf eine Herde Wasserbüffel. Aus 38 000 Fuß Höhe warfen B-52-Bomber am Weihnachtsabend ihre tödliche Fracht auf die Vororte der Hauptstadt ab. All dies konnte binnen weniger Augenblicke geschehen. Ganz Indochina lebte in ständiger Todesangst und wurde Opfer einer kollektiven Paranoia, die die Menschen lähmte.

Die Menschen im Norden konnten sich immerhin daran festhalten, dass sie für eine gerechte Sache kämpften. Sie lebten im totalen Krieg, unter fortgesetztem Bombardement, ohne Rückzugsmöglichkeiten für die Zivilbevölkerung. Der Tod überraschte die Menschen nicht mehr, viele entwickelten geradezu eine Todessehnsucht, denn wer sein Leben für die Nation gab, starb nicht vergebens, sondern brachte ein Opfer für die Zukunft seiner Familie und seines Landes. Dieser Patriotismus spricht auch aus den Fotos, ganz gleich, ob sie den Sieg über die Franzosen im Jahre 1954 oder eine Gruppe von Vietnamesen auf dem Ho-Chi-Minh-Pfad im Jahre 1974 zeigten. Die Aufnahmen verdeutlichen jedoch auch, wie stark die Menschen hofften, dass der Krieg irgendwann enden würde, und wie unerschütterlich sie an die Möglichkeit des Friedens glaubten.

Im Süden fehlte der ideologische Rückhalt, so dass Hoffnung und Verzweiflung der Menschen je nach Lage stiegen oder sanken. Das in Saigon herrschende Regime unterdrückte die Bevölkerung, und wer den Gehorsam verweigerte, bekam die Macht des Militärapparates am eigenen Leib zu spüren. Die Repressalien führten allerdings lediglich dazu, dass immer mehr Menschen mit der vom Norden unterstützten Nationalen Befreiungsfront sympathisierten.

Jeder, der sich in irgendeiner Weise an diesem Krieg beteiligte, wurde zum Opfer – nicht zuletzt die Fotografen. Sie konnten sich nicht einfach hinter ihren Kameras verstecken und dem Grauen mit Hilfe von Linsen und Filtern ein freundlicheres Gesicht verleihen. Dennoch sind viele der Aufnahmen auf eine bizarre Weise schön – ähnlich wie die Bilder von Goya oder Hieronymus Bosch. Sie wirken makaber und surreal, zu entsetzlich, um wirklich zu sein. Das unmenschliche Geschehen, das die Fotografen im Bild festhielten, wirkt noch grausamer, wenn es zum Bild erstarrt ist.

Die Aufnahmen, die westliche Journalisten nach Hause schickten, schürten den Protest gegen den Krieg. Eine junge Generation von Amerikanern ging mit Slogans wie »Hell, no, we won't go« auf die Straße. Ho Chi Minh und Che Guevara wurden zu Ikonen des Widerstands erhoben, der sich in Form von rhythmischen Rock-'n'-Roll-Klängen und Protestsongs artikulierte.

Hanoi war über die Stimmung in den USA bestens informiert, weshalb westliche Journalisten in Nordvietnam relativ frei agieren konnten. Die Vietminh ließ uns an der langen Leine laufen, denn man hatte unsere Häuser und Büros längst durchsucht. Heute wissen wir, dass damals Anweisungen existierten, nicht auf *bao chi* (Pressevertreter) zu schießen. Nur wenige von uns wurden während des Krieges an der feindlichen Linie erschossen oder verwundet. Auf dem Höhepunkt des Krieges, Mitte der sechziger Jahre, konnten wir uns für mehrere Tage gefangen nehmen lassen und danach mit hochgradig interessantem Material

in die Freiheit zurückkehren. Wir konnten uns ohne weiteres auf unsere Motorräder setzen und ungehindert von einem Ort zum nächsten fahren. .

Die nordvietnamesischen Journalisten lebten wesentlich gefährlicher. Sie trugen die all-gegenwärtigen grünen Uniformen oder schwarzen Baumwoll-*pajamas*. Wenn südvietname-sische Militärs oder US-Soldaten sie aufspürten, hatten sie keine Gnade oder Milde zu erwarten. Sie gehörten zum Feind. Der Norden verlor Hunderte von Journalisten. Häufig versuchte ein Team von Fotografen, Schreibern, Kameraleuten und Propagandafunktionären mit einem Wagen nach Süden zu gelangen und wurde auf dem Ho-Chi-Minh-Pfad von einer B-52 überrascht. Dinh Dang Dinh erzählt, wie er ein solches Bombardement mit knapper Not überlebte, nachdem er mehrere Monate lang erfolgreich im Süden gearbeitet hatte. Seine Einheit wurde in einen Angriff verwickelt, und als er wieder zu sich kam, trug er nur noch seine Unterwäsche, hatte eine Gehirnerschütterung und geplatzte Trommelfelle. In den Bäumen hingen Fetzen seiner Filme. Angriffe wie dieser konnten jederzeit aus heiterem Himmel über einen hereinbrechen.

Van Bao berichtet, dass er 1972 den Auftrag erhielt, die Bombenangriffe auf Haiphong zu dokumentieren. Sie erfolgten während der Weihnachtstage, um den Norden an den Verhandlungstisch zu zwingen. Um den Druck noch zu erhöhen, verminten die Amerikaner auch die Häfen des Nordens. Mit Hilfe von Boden-Luft-Raketen und einigen tapferen MIG-21-Piloten versuchte man, den Angriff abzuwehren. Der erste Schlag traf die Ostseite des Hafens. Bao und ein Kollege von der vietnamesischen Nachrichtenagentur fuhren in die östlichen Vororte der Stadt zur großen Brücke bei Thuong Ly. Die Bomben hatten eine verheerende Wirkung gehabt, außer den beiden Journalisten und ihrem Fahrer schien niemand mehr am Leben zu sein. Als der Morgen graute, machte Bao Bilder von einem einzigen Überlebenden, der alle 17 Familienmitglieder verloren hatte. Noch 30 Jahre später kamen Van Bao beim Erzählen die Tränen.

Binh Chanh, März 1967
Zwei junge Vietcong-Soldaten (rechts) rasten am Saigon-Fluss außerhalb der gleichnamigen Stadt. Der Fotograf (links) sitzt 1971 im gleichen Gebiet neben einem Guerillakämpfer mit Radiogerät. Am, der heute als Reporter arbeitet, machte während des gesamten Krieges nur 70 Aufnahmen. »Ich besaß keinen Ersatzfilm und wusste auch nicht, wie man Filme wechselt.«

TRAM AM

Viet-Nam Pictorial, **1967** Die Aufnahme von Mai Nam hebt die Funktion der Dorfmilizen hervor. Die Betonung der Leistungen von Zivilisten und Soldaten stärkte während des Krieges den Patriotismus.

Bao hatte sich der Befreiungsarmee 1950 im Alter von 20 Jahren als Fotograf angeschlossen. Seine erste Kamera war eine französische Box-Kamera mit 35 Millimeter Festbrennweite. Während des Indochinakrieges lernte Van Bao im Viet Bac, dem Kernland der Widerstandsbewegung, Filme unter primitivsten Bedingungen zu entwickeln und Negative zu vergrößern. Nach den Friedensvereinbarungen von 1954 erhielt er eine bessere Kamera und eine Stellung bei der Zeitung des Landwirtschaftsministeriums, für die er drei Jahre lang arbeitete. Danach ging er zur neu gegründeten vietnamesischen Nachrichtenagentur und konnte zu Kriegsbeginn den Abschuss der ersten amerikanischen Piloten in der Provinz Quang Binh fotografieren. Seine Aufnahmen des amerikanischen Piloten Robert H. Shumaker gingen um die Welt. Baos Anwesenheit im Kriegsgefangenenlager führte letztlich sogar dazu, dass die Schikanen, denen die Gefangenen ausgesetzt waren, nachließen. Ein zweites berühmtes Bild zeigt die Gefangennahme eines weiteren US-Piloten, der auf einem Wasserbüffel ins Gefangenenlager gebracht wird.

DIE FOTOGRAFEN, DIE IM SÜDEN FÜR DIE PRESSE DER BEFREIUNGSFRONT ARBEITETEN, mussten sich fast die ganze Zeit über versteckt halten. Sie lebten unter ähnlichen Bedingungen wie die Widerstandsgruppen in den besetzten Gebieten Europas während des Zweiten Weltkriegs. Die Techniken, die ihnen bereits während des Indochinakrieges geholfen hatten zu überleben, wurden nun weiter ausgefeilt. Das Netz von Gängen, das man Mitte der fünfziger Jahre in die Berghänge nordwestlich von Saigon gegraben hatte, wurde erweitert und erreichte schließlich eine Länge von fast 200 Kilometern. An einigen Orten, zum Beispiel in Cu Chi, führten die Gänge sogar in amerikanisches Sperrgebiet hinein. Von diesem Gebiet aus wurden Offensiven gegen die Hauptstadt und den sie umgebenden Ring von US-Stützpunkten geführt. Tagsüber hielten sich die Widerstandskämpfer unter der Erde auf, nachts erfüllten sie ihre Mission.

Vo Anh Khanh, einer der Journalisten, die heimlich im Süden arbeiteten, war Bauer in Ca Mau gewesen und hatte dann als Gehilfe in einem Fotoladen in Saigon sein Handwerk erlernt. 1958 und 1959 führte er selbst zwei Jahre lang einen kleinen Laden in Bac Lieu, einer Stadt im Mekongdelta. Als sein Bruder verhaftet wurde, schloss er sich dem Widerstand an und begann im Dienst der Unabhängigkeitskämpfer zu fotografieren. Seine Bilder erschienen nie in einer Zeitung, doch sie hingen in Mangrovensümpfen und Kokoshainen, um den Kampfgeist zu stärken. Viele Menschen liefen meilenweit, um die Aufnahmen zu sehen und an den abendlichen Runden teilzunehmen, in denen man über Kampf und Revolution sprach, die Lehren aus Hanoi diskutierte und sich Heldentaten von Einheimischen und Bewohnern anderer Provinzen erzählte.

Khanh verbrachte den größten Teil seiner Zeit ähnlich wie die anderen Fotografen mit dem täglichen Kampf ums Überleben. Er half bei der Feldarbeit, brachte Verwundete fort, schaffte Lebensmittel heran und kämpfte gegen die Amerikaner. Den Luxus, ausschließlich zu beobachten, konnte er sich nie leisten. Wenn er an der Front war, musste seine Frau die beiden Kinder allein versorgen. Einmal alle paar Monate kehrte Khanh für ein bis zwei Nächte heim, oder seine Frau wanderte auf Schleichwegen in die Sümpfe, um ihm dringend benötigtes Fotomaterial und Medikamente zu bringen.

Das Leben spielte sich überwiegend nachts ab. Khanhs Bilder von Kopfoperationen im Sumpf jagen Betrachtern kalte Schauer über den Rücken. Der Operationstisch ruht auf Pfosten, darüber hängt ein mit Streifen von Reifenschläuchen befestigtes Moskitonetz. Jeden Augenblick konnte ein Angriff die Ärzte unterbrechen und sie zwingen, ihre Ausrüstung und die Kranken in Booten an einen sichereren Ort zu bringen.

Amerikanische Fotografen gerieten manchmal nur wenige Schritte vom eigentlichen Geschehen entfernt in ein Gefecht hinein. Ihren vietnamesischen Kollegen ging es ganz genauso. Andererseits befand man sich mit etwas Glück und aufs Geratewohl manchmal unvermittelt am richtigen Ort, obwohl man vielleicht gerade etwas ganz anderes vorhatte. Mai Nam zum Beispiel fotografierte 1967 den Absturz einer F-105 mitsamt dem Piloten, der mit dem Fallschirm abgesprungen war. Er rannte hinter den Einheimischen her, konnte aber die Verhaftung des Piloten wegen der vielen Schaulustigen nicht fotografieren. Die vietnamesische Nachrichtenagentur verwendete das Bild der abstürzenden Maschine jedoch noch im gleichen Jahr als Motiv einer Grußkarte.

Journalisten der VNA (Vietnam News Agency) hatten nur frei, wenn sie verwundet waren. Der Krieg machte keine Pause, und es galt, möglichst viele Situationen zu dokumentieren. Die Fotografen machten auch Aufnahmen von Zivilisten, die ihrem Tagwerk nachgingen und in Fabriken, auf Feldern, in Bergwerken oder Munitionslagern arbeiteten.

Zu jener Zeit hatte sich die gesamte Kriegsindustrie in Höhlen verlagert. Kalksteinfelsen ziehen sich rings um die Deltas des Roten und des Schwarzen Flusses, und noch heute kann man, wenn man mit dem Zug von Hanoi nach Ho-Chi-Minh-Stadt fährt, entlang der Strecke Nebengleise sehen, die in den Kalkstein hineinführen. Die Schienen sind verrostet und nirgendwo außer auf Karten der US-Luftwaffe eingezeichnet. In den Höhlen lagerten Waffen und Versorgungsgüter; hier wurden Uniformen und Kleidungsstücke hergestellt, mit denen die Arbeiter dann im Mondschein auf Reisfeldern und in Gemüsegärten auftauchten. Generatoren lieferten Strom, denn die Amerikaner hatten die vietnamesischen Elektrizitätswerke bereits während der ersten Angriffe der 1965 begonnenen Großoffensive Rolling Thunder weitgehend zerstört.

An dem Höhenzug, welcher der entmilitarisierten Zone am nächsten lag, gruben die Nordvietnamesen weitere Gänge. Die Tunnel von Vinh Linh und Vinh Moc galten rasch als Symbole des Widerstandes einer ganzen Nation. Vor der Küste lagen die Inseln, die im Mittelpunkt des Tongking-Zwischenfalls gestanden hatten. Hier befanden sich strategisch wichtige Radiosender und Radareinrichtungen, die man sorgfältig bewachte. Die nötigen Versorgungsgüter für diese Stationen schaffte man durch die Tunnel von Vinh Moc heran und ruderte sie anschließend mit hölzernen Booten zu den Inseln. Die Höhlen wurden zu Wohnungen und Lagern ausgebaut. Durch ein ausgedehntes Grabensystem, das jenem in Flandern während des Ersten Weltkrieges glich, gelangten die Schulkinder in unterirdische Klassenzimmer, wo sie unterrichtet wurden. Auf dem Weg trugen sie dicke Hüte mit breiten Rändern aus Raphiapalmblättern, die sie vor herabfallenden Schrapnellen schützen sollten. Selbst für Wasserbüffel und Schweine gab es Schutzkleidung.

Die Höhlen boten eine Unzahl phantastischer Fotomotive, doch um dorthin zu gelangen, benötigte man starke Nerven. Nguyen Dinh Uu und Mai Nam fuhren mit dem Fahrrad, dem damals wohl sichersten Verkehrsmittel. Lastwagenkonvois waren hingegen häufig Ziel von Luftangriffen. Mai Nam erlebte eine solche Attacke mit, während er auf eine Überfahrt mit der Fähre wartete. Nachdem er in die Höhlen zurückgekehrt war, erfand er dort ein primitives System, das an die Stelle eines modernen Blitzes treten musste. Vorsichtig öffnete er eine AK-47-Patrone, schüttete den Inhalt auf einen Bogen Papier, brachte Menschen und Gegenstände in die richtige Position, lehnte sich mit eingestellter Kamera in der Hand gegen die Wand und entzündete dann das Papier. Mit Hilfe dieser Technik entstanden halbscharfe, eindrucksvolle

Khe Sanh, 9. Mai 1973

Der kubanische Revolutionsführer Fidel Castro steckt am Ort der strategisch wichtigen Schlacht von 1968 südlich der entmilitarisierten Zone eine Siegesfahne in den Boden. Mit der Belagerung von Khe Sanh wollten die Nordvietnamesen Südvietnam und die USA von Gebieten ablenken, in denen die Tet-Offensive, ein Großangriff auf amerikanische Versorgungslinien, stattfinden sollte.

NGOC KHANH

Viet-Nam Pictorial, 1967 Der Bericht über abgestürzte Piloten zeigt links das Bild einer winzigen Frau, die einen riesigen Amerikaner in Schach hält. Später diente das Foto als Vorlage für eine Briefmarke (unten).

Bilder, die aussahen, als stammten sie aus der viktorianischen Epoche. Eines von Mai Nams berühmtesten Fotos aus den Höhlen zeigt eine Gruppe von Frauen, die abwechselnd kämpften und die Felder bestellten.

Fotografen, die – und sei es auch nur in geringem Maße – klaustrophobisch veranlagt waren, empfanden den Aufenthalt in den Höhlen als puren Albtraum. Im Norden wie im Süden spielte sich das gesamte Leben zeitweise unter der Erde ab. Das Tunnelsystem, das die Vietminh während ihres Widerstandes gegen die Franzosen angelegt hatte, wurde erweitert. Vom Cu-Chi-Gelände bis zu dem Netz von Gängen an der kambodschanischen Grenze besaß jedes Dorf und jeder Weiler verschiedene Bunker und Verbindungsgräben. Alle Zugänge wurden mit versteckten Sprengfallen gesichert. Ganze Gemeinden zogen gemeinsam aus, um *Punji*-Stäbe aus Bambus anzuspitzen, die für mörderische Fallen unweit der Höhleneingänge verwendet wurden. In den Gängen selbst standen in verborgenen Ecken Körbe mit Giftschlangen und todbringenden Skorpionen. Die amerikanischen »Tunnelratten«, die in die Gänge geschickt wurden, um den Weg für die US-Soldaten zu erkunden, verschwanden häufig auf Nimmerwiedersehen in dem unterirdischen Netz und erlebten dabei vermutlich ein Grauen, das man bis heute nur ahnen kann.

Wenn Luftangriffe das Tunnelsystem direkt trafen, saßen auch die Vietnamesen in einer tödlichen Falle. Duong Thanh Phong, heute Kurator des Fotoarchivs der Nationalen Befreiungsfront, musste sich zweimal aus einem Tunnel frei graben. Vier seiner engsten Familienangehörigen hatten weniger Glück. Wer bei diesen Angriffen mit dem Leben davonkam, konnte sich glücklich schätzen. Viele Fotografen wurden verletzt, und wenn eine Bombe nur in der Nähe einschlug, verdiente dies keinerlei Erwähnung. Niemand wurde für seine Blessuren mit Medaillen belohnt.

Die Bedingungen in den Sümpfen und im Urwald waren nicht minder schrecklich. Dunkelkammern, wie wir sie kennen, gab es auf vietnamesischer Seite nicht, ebenso wenig existierten elektronische Übertragungswege. Tran Binh Khoul, der zusammen mit Vo Anh Khanh an der kambodschanischen Grenze arbeitete, machte Aufnahmen von Nachtangriffen. Den Strom für sein Blitzgerät lieferte eine Autobatterie, die er auf dem Rücken trug. Wenn die Journalisten in die Pressehauptquartiere zurückgekehrt waren, die zur damaligen Zeit ebenfalls häufig den Standort wechselten, konnten die Mitarbeiter der Vietnam News Agency und die Frontteams immerhin über einen eigenen Bunker verfügen. Unter primitivsten Bedingungen entwickelten sie Schwarz-Weiß-Fotos und machten Abzüge, die – ähnlich wie die Wandzeitung im maoistischen China – dazu dienten, die Moral der Soldaten in den Mangrovensümpfen zu stärken. Darüber hinaus veröffentlichte man noch einige wenige Parteiflugblätter. Nur wenig Material blieb – teils durch persönlichen Einsatz, teils aus purem Zufall – erhalten.

IN HANOI LEBTE HO CHI MINH WEITER IN SEINER BESCHEIDENEN HÜTTE auf dem Gelände des ehemaligen Gouverneurspalastes. In den Parks und auf den Plätzen befanden sich Bunker, durch Kanallöcher gelangte man in Schutzräume im Abwassersystem. Die Deiche, die den Roten Fluss in seinem Bett hielten, wurden fortwährend beschossen, weshalb man überall Flugabwehrbataillone aufstellte. Die Fotografen der Nachrichtenagentur verfolgten die Luftangriffe vom Dach ihres fünfstöckigen Gebäudes in der Hai-Ba-Trung-Straße. Da es ihnen an Weitwinkelobjektiven fehlte, vergrößerten sie Aufnahmen von brennenden Flugzeugen und kombinierten sie mit Fotos von Flugzeugwracks, die man zur Reparatur in einen Hangar vor der Stadt gebracht hatte. Während der Bombardements am Weihnachtstag 1972 stürzte eine B-52 etwa einen halben Kilometer von Hos Haus entfernt in einen kleinen Teich. Leider erhielten die westlichen Medien von den nordvietnamesischen Politikern ausschließlich Bilder, die abgestürzte amerikanische Piloten oder Pressekonferenzen von Parteifunktionären zeigten.

Den Filmteams, die für die vietnamesischen Wochenschauen arbeiteten, erging es kaum anders als den Fotografen. Ihre Arbeit wurde allerdings schon durch das Gewicht der veralteten ostdeutschen Ausrüstung erheblich erschwert. Außerdem mussten sie ihre Filme um jeden Preis so rasch wie möglich nach Hanoi bringen. Von dort wurden sie zum Entwickeln nach Ost-Berlin gebracht. Manchmal vergingen Wochen, bis sie zurückkamen. Auch die Kameraleute hatten viele Opfer zu beklagen: Über 70 Kollegen kamen im Laufe der 30-jährigen Auseinandersetzung ums Leben.

Tran Van Thung, ein bedeutender Kameramann jener Zeit, erinnert sich daran, wie er 1966 mit zehn sperrigen Materialkisten und dem Auftrag, sofort nach Beendigung der Arbeit zurückzukehren, nach Süden geschickt wurde. Was er filmte, blieb ihm selbst überlassen. Nach sechs Monaten schlug er sich von Quang Nam nach Hanoi durch, die Filme bewahrte er zwischen Reiskleie in einer US-Munitionskiste auf, jenem Behälter, den auch die meisten amerikanischen Journalisten bevorzugten. Der fertige Film wurde auf dem Prager Filmfestival von 1968 unter dem Titel *Nhang Dan Que Toi (Mein Volk, mein Dorf)* gezeigt. Als der Streifen in Hanoi auf die Leinwand kam, konnte man Dinh Dang Dinhs Fotos in einer begleitenden Ausstellung zusammen mit Aufnahmen von Mai Nam und Van Bao sehen. Weitere Ausstellungen in osteuropäischen Städten machten die Bilder vietnamesischer Kriegsberichterstatter bekannt, bevor Ende 1971 Techniken der Bildtelegrafie verwendet wurden.

Zu jener Zeit erschien das erste nordvietnamesische Fotomagazin, *Viet-Nam Pictorial*, bereits in englischer, französischer, deutscher, russischer und japanischer Sprache, obgleich es in regelmäßigen Abständen an Tinte, Papier oder Strom für die Druckerpressen mangelte. Bis Kriegsende wurden die farbigen Cover und Farbaufnahmen von Hand koloriert. Zeichnungen älterer Fotografen, zum Beispiel von Dinh, erschienen gelegentlich auf der Titelseite und hielten die Erinnerung an die Vorläufer der Fotografie auch dann noch wach, als die Technik sie längst überholt hatte.

Als die Offensive sich Ende 1972 auf die entmilitarisierte Zone ausdehnte, mussten die Fotografen nicht mehr weit reisen, um Material und Motive für ihre Berichte zu sammeln. Je heftiger die Angriffe südlich des My-Chanh-Flusses wurden, desto mehr Journalisten kamen ums Leben.

1973 wagten sich Vertreter der Befreiungsfront im Süden allmählich an die Öffentlichkeit. Sie dokumentierten die Vierparteiengespräche zwischen dem Norden, der Nationalen Befreiungsfront, dem Süden und den USA in Saigon. Diese Verhandlungen endeten mit einem Plan für den Rückzug der Amerikaner und die vorläufige Teilung des Landes. Fotografen wie Lam Tan Tai, der Jahre zuvor im Süden untergetaucht war, machten Aufnahmen von den Gesprächen und vom nachfolgenden Austausch der Kriegsgefangenen.

In der letzten Phase ging es den Parteien vor allem darum, so viel Land wie möglich für die eigene Seite zu gewinnen. In dieser Zeit der Verhandlungen verloren beide Seiten mehr Menschen als in den vorangegangenen drei Jahren. In entlegenen Gebieten, die nun nicht mehr von den Amerikanern beschossen wurden, wurde erbittert gekämpft. Hoch im Norden wurden die Versorgungswege jetzt, da keine Lebensgefahr mehr drohte, erweitert und repariert.

Fotografen aller Zeitungen fuhren an die Front, deren Verlauf sich nach wie vor ständig verschob. Zum ersten Mal konnte die südvietnamesische Presse nördlich der entmilitarisierten Zone filmen und fotografieren. Innerhalb von zwei Tagen prangten die Aufnahmen auf den Titelseiten der Zeitungen in Hanoi. Das Schicksal hatte seine Karten neu gemischt.

Provinz Nghe An, Juli 1972
Jane Fonda besucht eine Fliegerabwehrtruppe im Süden von Nordvietnam. Ihre Reise verärgerte die konservativen Kreise in den USA, die ihr den Schimpfnamen »Hanoi-Jane« gaben. Fonda wollte die Aufmerksamkeit darauf lenken, dass in Vietnam Dörfer und Krankenhäuser bombardiert wurden. »Sie war sehr unkompliziert und wollte, dass wir sie wie eine Vietnamesin behandelten«, erinnert sich der Fotograf.
MINH DIEN

MAI NAM

Von Anfang an lernte ich, dass man im Widerstand gegen die Franzosen und die Amerikaner erfinderisch sein musste. Mit 19 Jahren interessierte ich mich für Malerei und Musik und spielte Gitarre, als ich mich der Bewegung anschloss. Ich wurde sofort einer Gruppe zugeteilt, die im Untergrund heimlich eine Zeitung herstellen sollte. Wie uns dies an unserem abgelegenen Stützpunkt mitten im Gebirge gelang, wundert mich noch heute.

Mein Lehrer, ein begabter Funktionär, liebte die Fotografie. Er brachte mir bei, wie man mit Hilfe eines Spezialmessers Holzschnitte anfertigt und in Negativschrift mit Tinte und Pinienharz auf Steine schreibt. Schließlich war ich so geübt im Negativschreiben, dass ich an einem Tag mehrere Seiten auf Steine schreiben konnte. Danach rollten wir die mit Tinte bestrichenen Holzschnitte und die Steine über Papier und erhielten auf diese Weise eine primitive Zeitung.

Mein Durchbruch kam, als mein Lehrer mich zu seinem Fotoassistenten machte, obgleich ich mich auf diesem Gebiet überhaupt nicht auskannte. Ich lernte schnell. Er zeigte mir, wie ich Bilder mit seiner alten Kamera, einem deutschen Fabrikat, aufnehmen musste, wie man Filme entwickelt und Abzüge von Negativen herstellt. Als Vergrößerungsgerät diente uns eine kleine Lehmhütte mit einer winzigen quadratischen, mit Glas bedeckten Öffnung im Dach. Ein dünner Sonnenstrahl wurde durch diesen Spalt mittels einer Linse auf lichtempfindliches Papier gelenkt. Meine ersten Aufnahmen machte ich mit einem kostbaren Kodak-Film. Ich weiß noch, wie ich mich freute, als mein Lehrer mich für meine Bilder lobte. Leider wurden meine frühen Arbeiten und unser provisorisches Fotolabor bei einem Angriff der Franzosen zerstört.

Nach der Befreiung Chinas im Jahre 1949 fühlten wir uns zunächst weniger isoliert. Wir erhielten Unterstützung von China, und 1951 reiste ich sogar als vietnamesischer Delegierter zu den III. Weltfestspielen der Jugend und Studenten nach Ost-Berlin. Hier kaufte ich meine erste Kamera, ein deutsches, in Russland hergestelltes Modell namens Kiev. Kameras und Filme gehörten in Vietnam nach wie vor zu den seltenen und daher überaus kostbaren Gütern. Ich bewachte die Kamera wie mein eigenes Kind. Ich war deshalb sehr niedergeschlagen, als jemand einmal versuchte, sie von Erde zu reinigen, und dabei die Linse zerkratzte.

1953 war ich so bekannt, dass die Kommunistische Partei mir sieben Mitarbeiter zuteilte. Wir erhielten den Auftrag, eine neue

Jugendzeitschrift zu gründen: *Bao Tien Phong Thanh Nien* (Avantgarde-Jugendzeitschrift). Da unsere Verbindungen zu China gut waren, erhielten wir sogar eine neue Druckerpresse. Noch immer arbeiteten wir aus Sicherheitsgründen tief im Urwald auf einem nur per Fahrrad erreichbaren Stützpunkt. Gleichwohl wurden wir permanent bombardiert und lebten unter so rauen und gefährlichen Bedingungen, dass wir nur eine Ausgabe pro Monat veröffentlichen konnten. 1954 kehrte ich nach Hanoi zurück und arbeitete fortan ausschließlich für *Tien Phong*, die erste unabhängige Zeitung des Landes, in der Fotos erschienen. Bis zum Ende meiner Laufbahn blieb ich bei *Tien Phong*. Während des Amerikanischen Krieges versuchte ich schlichte Alltagsszenen aufzunehmen, die zeigten, wie jeder auf seine Weise zum Gelingen der Sache beitrug.

Wir Fotografen hörten niemals auf, Neues zu erfinden. Als ich 1968 unweit der entmilitarisierten Zone und der Vinh-Linh-Region Aufnahmen machte, erfanden wir sogar eine neue Art des Blitzens, um in Gräben und Tunneln arbeiten zu können. Wir leerten Pulver aus Gewehrpatronen auf ein kleines Papier und entzündeten es mit einem Streichholz. Das brennende Pulver lieferte uns das nötige Licht für unsere Fotos.

Hanoi, 1968
»Meine Bilder sollen Waffen sein«, erklärte der Fotograf (rechts). Mit Aufnahmen, die den Alltag in den Mittelpunkt stellten, verlieh Nam seiner Arbeit eine persönliche Note. Nach dem Krieg fotografierte er am liebsten Schönheitswettbewerbe. Der 70-jährige lebt heute in einem Haus, dessen Wände mit schönen Frauen, nicht mit Kriegsbildern geschmückt sind.

MAI NAM

GEGENÜBER

Provinz Ha Tay, 1968
Eine Milizsoldatin schultert ihr Gewehr, um Binh Da zu verteidigen, eines von unzähligen Dörfern im Norden, deren Bewohner zu den Waffen griffen. Der Fotograf, der junge Vietnamesen meisterlich in heldenhaften Posen darzustellen wusste, meint dazu: »Ich wollte zeigen, wie widerstandsfähig gerade die Jugend war.«

MAI NAM

Hanoi, 1972 Militärlaster parken relativ sicher gegenüber der französischen Botschaft am Tran-Hung-Dao-Boulevard. Im November 1971 beschädigten amerikanische Bomben versehentlich das Gebäude. Ungeachtet der massiven Luftangriffe seit 1965 versuchten die Einwohner von Hanoi, so normal wie möglich zu leben. »Bomben sind schrecklich, aber unsere Lieder bleiben«, hieß damals ein beliebtes Sprichwort.

MAI NAM

Hanoi, August 1971 Acht Studenten aus einer Gruppe von 109 freuen sich darüber, dass die Armee sie aufgenommen hat – eine Reaktion, die sich deutlich von der vieler junger Amerikaner unterschied. »Zu jener Zeit«, berichtet einer der Fotografen, »wurden junge Männer ausgewählt, wenn sie als gute Revolutionäre galten.« In der Regel bedeutete dies, dass ihre Eltern nicht zu den Landbesitzern gehörten.

KIM HUNG

GEGENÜBER

Haiphong, Juli 1967 Rekrutenanwärter unterziehen sich der Musterung. Im Norden war der Dienst in der Armee bis 1973 freiwillig, dann wurde er zur Pflicht, und alle wehrfähigen Männer wurden einberufen. Von 35 000 Mann im Jahre 1950 stieg die Zahl der Soldaten bis Mitte der siebziger Jahre auf über eine halbe Million. Damit gehörte die nordvietnamesische Armee zu den größten der Welt.

BAO HANH

Provinz Quang Binh, 1969 Direkt oberhalb der entmilitarisierten Zone bringt eine Fähre einen Trupp nordvietnamesischer Soldaten auf dem Weg nach Süden über einen Fluss. Obwohl die Amerikaner sich nach Kräften bemühten, das Eindringen nordvietnamesischer Truppen in den Süden zu verhindern, gelangten zu jener Zeit pro Monat mehr als 10 000 Mann über die Grenze, dazu Waffen und Proviant in entsprechender Menge.

FOTOGRAF UNBEKANNT

GEGENÜBER
Provinz Hoa Binh, 1974 Nordvietnamesische Soldaten werden von Kindern in ein Dorf begleitet. Einmal pro Jahr schickte man die Soldaten für drei Monate in Dörfer, um ihre Beziehungen zum Volk zu festigen. Die Aufnahme entstand außerhalb von Hanoi und gehört zu den typischen Propagandafotos, die die Unterstützung der Bevölkerung sichern sollten.

NGUYEN DINH UU

Thanh Tri, September 1965

Mit an Seilen aufgehängten
Flugzeugmodellen übt eine
Gruppe von Milizsoldaten das
Zielen auf herannahende US-
Maschinen. Obwohl sie veraltete
Gewehre aus dem Zweiten Weltkrieg benutzten, schossen die
Vietnamesen zahlreiche amerikanische Flugzeuge ab. Die hier
abgebildete Milizkompanie Nr. 6
der Gemeinde Yen My wurde
drei Jahre in Folge für ihre
hervorragenden Leistungen
ausgezeichnet.

MINH DAO

A-Shau-Tal, 1974

Ein nordvietnamesischer Soldat
stellt eine in China angefertigte
Soldatenpuppe auf, die die
Amerikaner täuschen soll. Der
Ho-Chi-Minh-Pfad führte durch
das A-Shau-Tal, eines der wich-
tigsten Einfallstore von Südlaos
nach Südvietnam. In diesem
Tal fanden einige der heftigsten
Gefechte des Krieges statt,
darunter die Schlacht von Ap
Bia oder Hamburger Hill im
Jahre 1969.

HOANG KIM DANG

Soc Trang, 1973 Kämpfer des Vietcong legen im Mekongdelta amerikanische Claymore-Minen, nachdem sie vom Vorstoß südvietnamesischer Truppen in das Gebiet erfahren haben. Wenn Angriffe bevorstanden, »packte ich manchmal meine gesamte Ausrüstung in eine Plastiktüte und warf sie in einen Tümpel«, erinnert sich der Fotograf. Das Risiko war groß, da er keine zweite Kamera und keinen weiteren Film zur Hand hatte.

LE MINH TRUONG

Ha Tay, 1970 Dorfbewohner legen auf der Straße nach Hoa Xa Bambusfallen. Das Dorf außerhalb von Hanoi diente als Trainingslager, das gesamte Gebiet war militärische Sperrzone. Häufig kamen Fotografen aus Hanoi, um Propagandafotos von Militärübungen zu machen.

FOTOGRAF UNBEKANNT

GEGENÜBER

Haiphong, Dezember 1967 Milizkämpfer entladen einen Munitionstransporter im Haupthafen des Nordens. »Während der amerikanischen Bombardements machte ich meine besten Fotos«, erinnert sich Ba. »Unter anderem fotografierte ich den Absturz von Senator John MacCains Maschine über Hanoi. Ich war stolz auf diese Aufnahme, denn ich sah darin eine Botschaft für mein Volk, das unter den feindlichen Angriffen litt.«

VU BA

Halbinsel Ca Mau, 1972 Im Wald von Nam Can treffen sich Freiwillige. Ihre Gesichter sind maskiert, damit sie, falls sie gefangen und verhört werden, nichts übereinander verraten können. Aus den Mangrovensümpfen des Mekongdeltas gelangten Bilder nur unter großen Schwierigkeiten in den Norden. »Manchmal gingen die Fotos verloren oder wurden unterwegs beschlagnahmt«, erinnert sich der Fotograf.

VO ANH KHANH

Tien-Giang-Fluss, 1974 Am Oberlauf des Mekong ziehen vietname-
sische Frauen ein schweres Netz ins Boot. »Es war merkwürdig,
Frauen bei dieser eigentlich ausschließlich Männern vorbehaltenen
Arbeit zu beobachten, doch während des Krieges musste jeder Opfer
bringen und dort mithelfen, wo Not am Mann war.«
LE MINH TRUONG

Hanoi, 1972 Während der Bombardements an den Weihnachtstagen, die zu den heftigsten Angriffen des Krieges zählten, warten Milizkämpfer auf den Anflug feindlicher Maschinen. Während der Friedensgespräche in Paris hatten die Waffen drei Tage lang geruht, doch als die Verhandlungen stockten, ordnete Präsident Richard Nixon die Wiederaufnahme der Kämpfe an. Das mitten im Kriegsgeschehen aufgenommene Bild beeindruckt durch seine kunstvolle Komposition.

MAI NAM

Region Cu Chi, 1966 Guerillakämpfer graben einen Tunnel in den trockenen Boden des so genannten »Eisernen Dreiecks«, einer Bastion des Vietcong zwischen den Städten Tay Ninh, Song Be und Saigon. »Wir aßen, schliefen und arbeiteten unter der Erde«, erinnert sich der Fotograf. Die Tunnel waren beliebte Ziele der amerikanischen »Search-and-Destroy«-Missionen. »Einmal trafen uns elf Bomben, doch irgendwie überlebten wir.«
DUONG THANH PHONG

DUONG THANH PHONG

Ich kam über die Dunkelkammer zur Fotografie. Ich stamme aus einer Familie von Revolutionären. Meine Mutter und mein Vater kämpften im Süden aktiv gegen Frankreich und wurden nach dem Genfer Abkommen von 1954 in den Norden umgesiedelt. Ich blieb im Süden zurück. Eine Tante, die ein kleines Fotostudio namens Photo Lux in der Stadt Trang Bang besaß, nahm mich auf. Als ich ungefähr zehn Jahre alt war, begann ich in der Dunkelkammer zu arbeiten.

Zunächst retuschierte ich Fotos. Mit 13 schloss ich mich der Revolution an, überbrachte Botschaften der Vietminh an Genossen in der Stadt und in benachbarte Dörfer. Da ich in der Dunkelkammer gute Arbeit leistete und als vertrauenswürdig galt, übertrug man mir 1954 mehr Verantwortung: Von nun an stellte ich falsche südvietnamesische Ausweise für die Kämpfer und Funktionäre aus, die heimlich im nahe gelegenen Cu Chi arbeiteten. Ich erinnere mich daran, wie ich einen besonders gut gelungenen Ausweis für Hoang Le Kha, den Sekretär der Kommunistischen Partei in Trang Bang, fertigte, der später gefangen genommen und unter Ngo Dinh Diem hingerichtet wurde.

Als Teenager liebäugelte ich mit der Nationalen Befreiungsfront, der ich mich später anschloss. Ich ließ mich in Cu Chi nieder und leitete das örtliche Fotografenteam der Befreiungsfront. Ich erlebte die erste Generalversammlung in Cu Chi und den berühmten Volksaufstand gegen Saigon im Jahre 1960 mit. Während dieser Zeit entwickelte und verbreitete ich Propagandafotos, die wir aus Nordvietnam erhielten. Außerdem erledigte ich alle Fotoarbeiten für die Untergrundzeitungen der Befreiungsfront. Meine Arbeit war sehr gefährlich, denn ich befand mich mitten in einer von der Regierung in Saigon kontrollierten Stadt.

Als 1965 die Amerikaner einmarschierten, konnte ich mein Doppelleben nicht weiterführen und ging mit anderen Guerillakämpfern in den Untergrund. Wir zogen uns in das weitläufige Tunnelsystem bei Cu Chi zurück. Die Zeit von 1965 bis 1972 war am schwierigsten. US-Soldaten und Truppen aus Saigon begingen in vielen Dörfern unvorstellbare Gräueltaten. Unser Volk und unsere Soldaten litten schwer und mussten große Opfer bringen. Am schlimmsten war es 1969 nach der Tet-Offensive, die im Jahr zuvor stattgefunden hatte. Um zu überleben, mussten wir unter der Erde arbeiten, essen und schlafen. Einmal trafen uns elf Bomben, eine nach der anderen, und dennoch überlebten wir irgendwie. Bei einem der seltenen Aufenthalte über der Erde trugen wir keine Kleider, sondern nur einen Umhang aus Tarnstoff, der uns in der umliegenden Landschaft nahezu unsichtbar machte. Draußen hatten wir vor allem deshalb Probleme, weil die Amerikaner überall Agent Orange versprühten. Wer mit dieser milchweißen Flüssigkeit in Berührung kam, wurde krank. Sie tötete Vieh, Bäume und Pflanzen, einfach alles. Unter diesem Druck flohen 1970 viele von uns zu den relativ sicheren Stützpunkten in Kambodscha und kehrten erst ein bis zwei Jahre später zurück.

Ich machte natürlich keine Fotos, die ästhetischen Ansprüchen genügen sollten. Ich dachte nicht an Schönheit. Verbrannte oder zerstörte Häuser und tote Körper sind nicht schön. Jeder Gedanke an Ästhetik wurde durch das Anliegen verdrängt, den Krieg zu dokumentieren. Erstaunlicherweise überstand meine unterirdische Dunkelkammer zahlreiche Angriffe. Wir machten mehrere hundert Abzüge der besten Fotos in unserem unterirdischen Labor und schickten sie nach Hanoi, von wo aus sie innerhalb und außerhalb von Vietnam verteilt wurden.

Sie können sich nicht vorstellen, wie aufgeregt wir waren, als wir im April 1975 von Cu Chi nach Saigon fuhren. Die Straße war voller Fahrzeuge, die in die Stadt strömten: Panzer, Militärlaster, sogar Fahrräder der Guerillakämpfer. Je mehr wir uns Saigon näherten, desto schwieriger wurde das Durchkommen. Überall lagen Uniformen, Waffen und Schuhe, die die Soldaten aus Saigon liegen gelassen hatten, als sie davongerannt waren. Ich werde die Schuhe und die lauten Schläge beim Darüberfahren nie vergessen. Ich wurde von Ehrfurcht ergriffen, als ich unsere Fahnen und Panzer vor dem Präsidentenpalast erblickte. Dies war keine Privatsache, kein Sieg eines Einzelnen, kein Glücksgefühl wie wenn man heiratet oder das erste Kind zur Welt kommt. Dies war der Sieg einer ganzen Nation. Es war riesig, gewaltig – ein jahrzehntelanger Krieg war vorbei, und endlich herrschte Frieden.

Cu Chi, 1969

Ein politischer Führer der Befreiungsfront, Ut Mot, arbeitet in einem unterirdischen Büro unter einem Plakat, auf dem es heißt: »Präsident Ho hat uns gelehrt: Solange ein Angreifer in unserem Land bleibt, müssen wir weiterkämpfen und ihn hinauswerfen.« Die Führungskader besaßen eigene Bunker, damit nicht viele von ihnen auf einmal bei einem Angriff umkommen konnten. Nur Kader und Journalisten durften Radios benutzen. In der Regel hörten sie Radio Hanoi, BBC und Radio Saigon. Ut Mot starb später bei einem Raketenangriff.

DUONG THANH PHONG

Nam Dinh, 12. Mai 1972 Sanitäter laufen durch Feuer und Rauch,
um nach Angriffen von US-Flugzeugen auf die Industriestadt südlich
von Hanoi Verwundete zu bergen. Nam Dinh ist die Hauptstadt der
Provinz Nam Ha und war vor der Teilung Vietnams im Jahre 1954 eine
Hochburg der Katholiken. Nach der Teilung zogen Hunderttausende
von Katholiken nach Süden.
DINH QUANG THANH

Hanoi, 26. Dezember 1972 Die Panoramaaufnahme aus zwei anein-
ander gehängten Fotos belegt das Ausmaß der Zerstörung durch die
weihnachtlichen Bombardements in der Kham-Thien-Straße. Angriffsziel war der nahe gelegene Bahnhof von Hanoi gewesen. Der Fotograf
erinnert sich: »Viele Häuser waren zerstört und viele Menschen
gestorben. Die Angriffe erfolgten nachts, und wir trafen in den frühen
Morgenstunden ein.«

VAN BAO

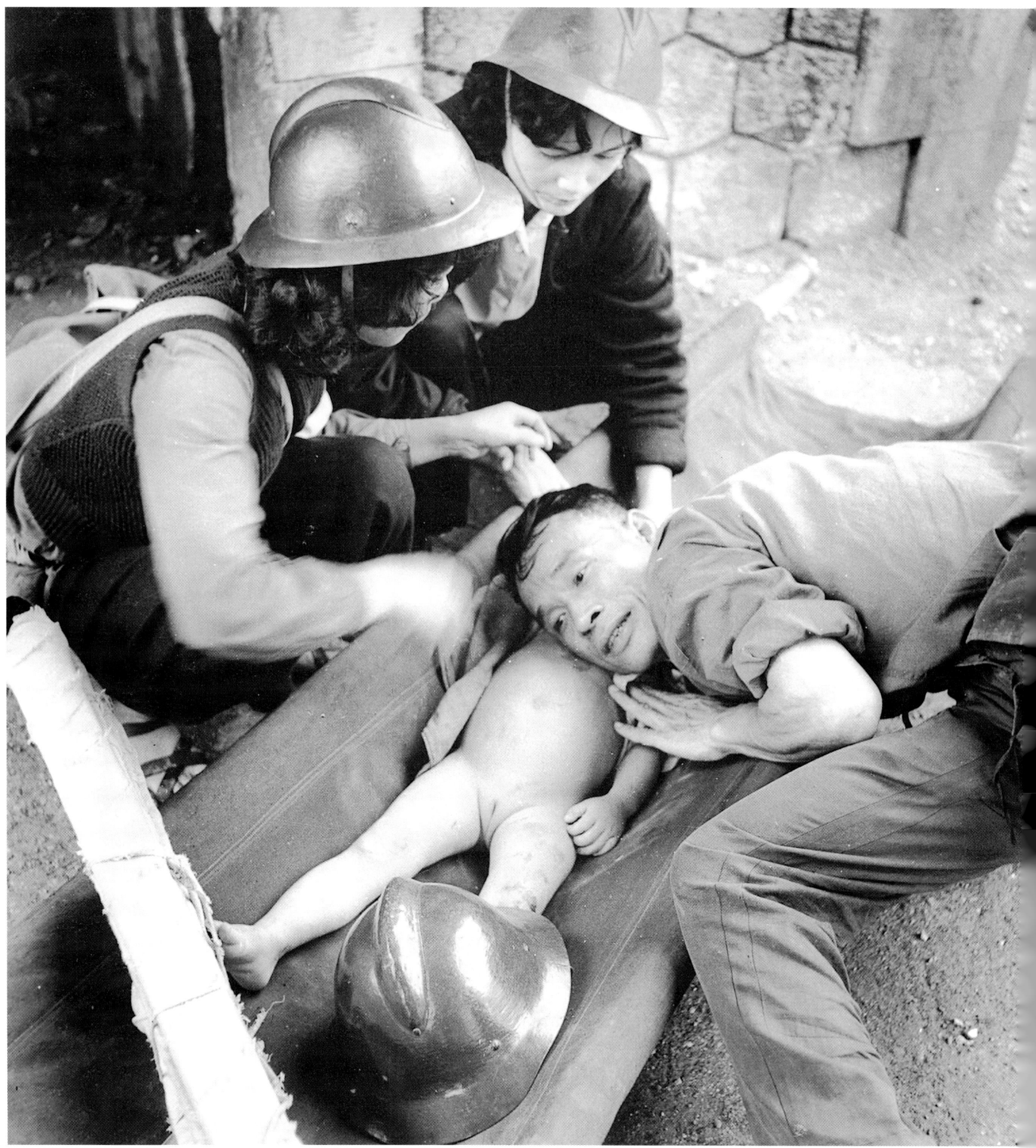

Thong Nhat, Provinz Nam Ha, September 1972 Der 84-jährige Luong Toan wandert nach amerikanischen Bombenangriffen durch die Trümmer der Stadt. Luong hatte bereits einen Angriff im weiter südlich gelegenen Thanh Hoa überlebt. Beide Städte gehörten zu den Zielen der Amerikaner, weil die Nationalstraße 1 und die Eisenbahnlinie durch sie führten.

LAM HONG

GEGENÜBER

Haiphong, Dezember 1966 Nach Bombenangriffen der Amerikaner auf die stark belebte Nguyen-Thiep-Straße versorgen Sanitäter eine verwundete Vierjährige. Die US-Flugzeuge zielten vor allem auf den Hafen und das Öllager von Haiphong, trafen gelegentlich aber auch Wohnviertel. Obgleich man versuchte, möglichst viele Menschen zu evakuieren, waren die Verluste unter der Zivilbevölkerung hoch.

LE QUANG

Hai Duong, 8. August 1972 Ein Dorfbewohner trägt den Leichnam des 15-jährigen Le Van Tam aus einem Bombenkrater bei Haiphong. Im Mai hatte Präsident Richard Nixon die Verminung des Hafens von Haiphong genehmigt und eine Verstärkung der Bombenangriffe auf Hanoi angeordnet, um bei den Verhandlungen von Paris den Druck auf den Norden zu erhöhen.

FOTOGRAF UNBEKANNT

Thanh Hoa, 1973 Arbeiter besprechen notwendige Reparaturarbeiten an der durch Bomben beschädigten Ham-Rong-Brücke im Zentrum von Nordvietnam. Der einzige für Schwertransporter und Maschinenfahrzeuge passierbare Übergang über den Fluss Ma führte über diese Brücke. Mehrfach schossen Vietnamesen angreifende US-Flugzeuge ab. Ein amerikanischer Suchtrupp fand später die sterblichen Überreste von Piloten.

FOTOGRAF UNBEKANNT

GEGENÜBER

Thanh Hoa, 1973 Ingenieure beginnen mit der Reparatur der Ham-Rong-Brücke. Die strategisch wichtige Brücke und das angrenzende Kraftwerk wurden mehrfach zerstört und wieder aufgebaut. Sie galten als Symbole des nordvietnamesischen Widerstands. Tinh verbrachte den größten Teil seiner Zeit damit, Bilder an der Front zu machen und die Filme nach Hanoi zu bringen.

DOAN CONG TINH

Haiphong, 19. November 1967 Ly Hien Nghia, 26, wird nach
einem amerikanischen Bombenangriff in ein Krankenhaus gebracht.
Der junge Mann, der erst einen Monat zuvor geheiratet hatte,
starb an seinen Verletzungen. Zu diesem Zeitpunkt des Krieges
ordnete Präsident Lyndon Johnson einen Stopp der Bombardements
an, um Friedensverhandlungen in Gang zu bringen. Dennoch dauerte
es weitere fünf Jahre, bis die Amerikaner sich zum Rückzug
entschlossen.

FOTOGRAF UNBEKANNT

Vorort von Hanoi, Juni 1972 Milizkämpfer durchsuchen das Wrack eines US-Flugzeugs, das die Vietnamesen nach Auskunft des Fotografen mit Handfeuerwaffen zum Absturz gebracht hatten. Der Pilot war in Baumhöhe geflogen, um der Radarortung zu entgehen, war dadurch aber in Reichweite der Gewehre geraten. Amerikanische Flugzeuge griffen wiederholt die Industriegebiete von Hanoi an, weshalb sich die Vietnamesen bemühten, die Produktion aufs Land zu verlagern.

DOAN CONG TINH

Halbinsel Ca Mau, 1972 Nachdem die Amerikaner tagelang einen Stützpunkt des Vietcong im Mekongdelta beschossen haben, lassen sie einen Berg von leeren Patronenhülsen zurück, die die Bewohner der umliegenden Dörfer einsammeln. Häufig verwendeten die Vietnamesen das Metall von Granaten, Bomben und Flugzeugwracks, um daraus Essgeschirr und andere Haushaltsgegenstände zu fertigen.

NGUYEN VAN KIEM

Südvietnam, 1963–1966 Bilder leidender Zivilisten: Frau Pham Thi Hen (gegenüber) verlor einen Sohn, ein anderer wurde verwundet, als US-Soldaten den Schutzkeller der Familie beschossen. Oben (im Uhrzeigersinn von oben links): Unbekannter Großvater mit Kind; unbekannte Frau; Le Thi Ut, 42, blieb mit neun Kindern allein zurück, nachdem ihr Mann in einem Luftschutzkeller ums Leben gekommen war; der 76-jährige Ha Van Cong – 60 Prozent seiner Haut waren nach dem Abwurf von Napalmbomben verbrannt. Zwischen 1965 und 1974 wurden rund 430 000 südvietnamesische Zivilisten getötet und eine Million verwundet.

FOTOGRAF UNBEKANNT

Südvietnam, 1968 Pham Van That, 20, aus der Provinz Long An steht in einer vom Vietcong kontrollierten Urwaldregion vor einem Volksgericht. Im Juli 1968 hatte man ihn gefangen genommen und angeklagt, weil er den Feind mit Waffen versorgt und um Guerilla-kämpfer geworben hatte. Pham wurde zu zwei Jahren Gefängnis verurteilt. Ein mit ihm verhafteter Kamerad wurde mit dem Tod bestraft.

FOTOGRAF UNBEKANNT

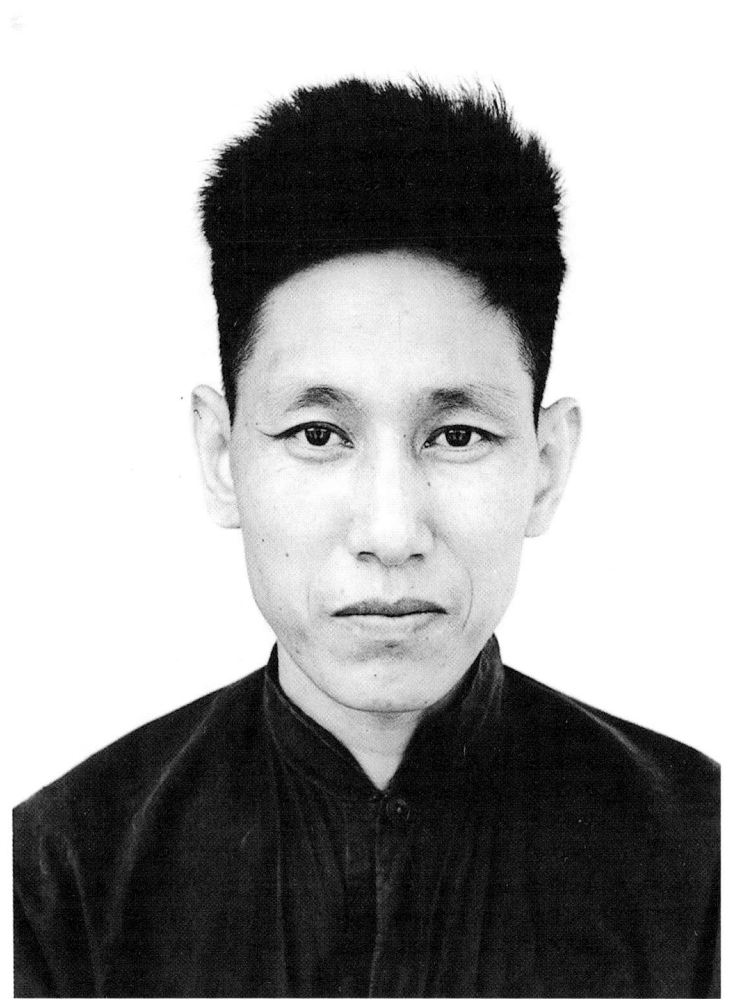 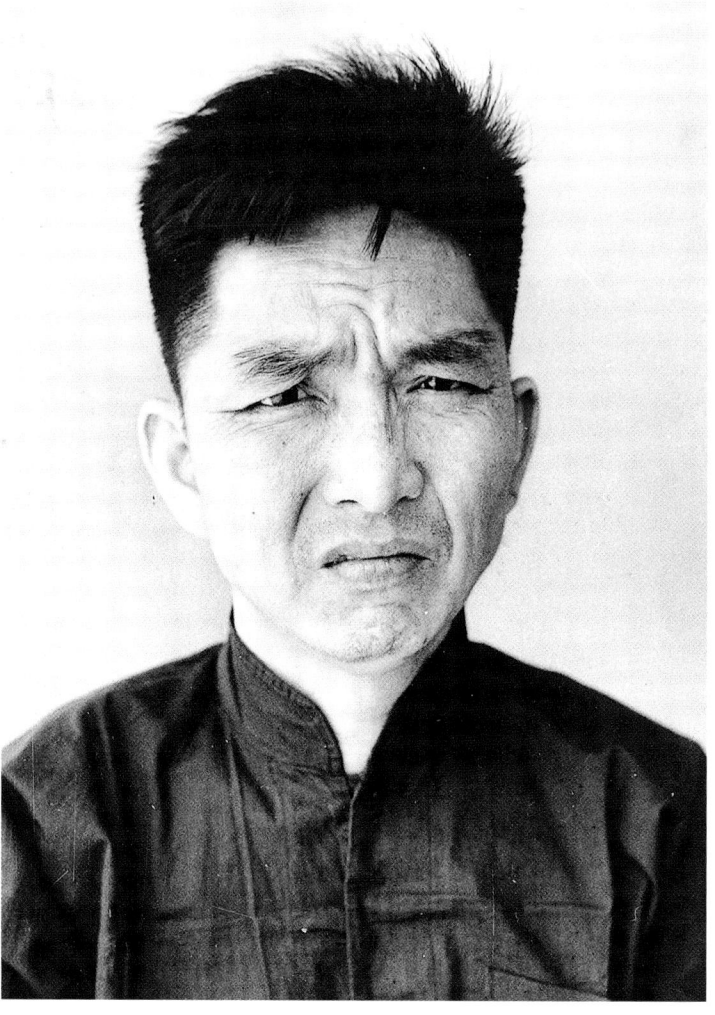

Hanoi, 29. Juli 1964 Vier Mitglieder einer südvietnamesischen Spionageeinheit, die in den Norden vorgedrungen war, warten nach ihrer Verhaftung auf das Urteil. Südvietnams antikommunistische Verbündete, die Nationalchinesen, hatten die erfolglose Einheit finanziert. Keine derartige Mission, nicht einmal die der CIA, konnte ihr Vorhaben jemals erfolgreich durchführen.

DOAN TY

Quang Binh, 11. Februar 1965 Milizkämpfer verhaften den US-Piloten
Robert H. Shumaker nach dem Absturz seiner F8 unweit der entmili-
tarisierten Zone. Der Fotograf erinnert sich: »Ich arbeitete mit einer
Milizeinheit zusammen und hörte, dass man einen Piloten gefangen
genommen hatte. Er war unverletzt. Er war eine eindrucksvolle
Erscheinung, und ich erfuhr, dass man ihn für ein Astronautenteam
vorgesehen hatte.«
VAN BAO

Hanoi, 1973 Amerikanische Kriegsgefangene sitzen im Gefängnis
Hoa Lo – dem »Hanoi Hilton« – auf ihren Betten. Am 1. April wurden
sie freigelassen, nachdem die Amerikaner sich im Rahmen der Pariser
Verhandlungen zum Rückzug der letzten Truppen aus Vietnam
verpflichtet hatten. Der Fotograf machte die Aufnahme heimlich,
da innerhalb des Gefängnisses keine Kameras erlaubt waren.
DOAN CONG TINH

Hanoi, Juni 1972 US-Luftwaffenkapitän Albert Molinare, der am 27.
April 1972 in Thanh Hoa gefangen genommen worden war, übermittelt
seiner Familie im Rahmen einer Pressekonferenz für vietnamesische
und freundlich gesinnte ausländische Journalisten ein Lebenszeichen.
Bei Kriegsende wurden 566 amerikanische Soldaten und 25 Zivilisten
freigelassen, einige von ihnen nach achtjähriger Gefangenschaft.

LAM HONG

Halbinsel Ca Mau, 1968 An einem Stützpunkt des Vietcong im Mekongdelta studieren Dorfbewohner Flugblätter der Revolutionäre. Der Fotograf arbeitete den ganzen Krieg über, ohne dass, wie er gehofft hatte, eines seiner Bilder je in den Norden gelangte. Ein Presseoffizier aus Hanoi bestätigte kürzlich, dass er niemals ein Bild von Khanh zu Gesicht bekam und nicht einmal dessen Namen kannte.
VO ANH KHANH

GEGENÜBER

Südvietnam, Datum unbekannt Mitglieder der Artillerieeinheit X des 2. Bataillons, 4. Division, nehmen eine nachdenkliche Pose ein, nachdem sie für ihre Leistungen in einer befreiten Zone den Titel »Heldeneinheit« erhalten haben. Vietcong-Einheiten im Süden versuchten mit Terrorakten und politischen Morden die Regierung in Saigon zu Fall zu bringen.
VAN PHUONG

Provinz Nam Ha, 1968 Eine Frau verteilt Fischsoße an die Bewohner
eines Dorfes in der zentralen Küstenregion im Norden. »Die Leute,
die Essen verteilten, hatten es sehr schwer«, erinnert sich der Fotograf.
»Die Menschen litten Hunger, und schon die kleinste Ungerechtigkeit
konnte zu Unruhen führen.« Dieses Foto wurde während des Krieges
nicht veröffentlicht, weil es nicht der Strategie der Propaganda
entsprach.

MAI NAM

Halbinsel Ca Mau, 1970 Ein Guerillakämpfer im Mekongdelta fährt mit dem Boot durch einen mittels Agent Orange entlaubten Mangrovenwald. Die Amerikaner setzten Chemikalien ein, um die Verstecke der Vietcong-Kämpfer ihrer Tarnung zu berauben. Die Mangrovenwälder galten in Vietnam als besonders fruchtbare Gebiete, und der Fotograf empfand tiefe Trauer, als er die Zerstörung sah.

LE MINH TRUONG

DER PFAD

3. KAPITEL

Geheimer Ort, 1966
Nordvietnamesische Soldaten legen eine Brücke für den Ho-Chi-Minh-Pfad. 1964 begann der Norden, den bereits existierenden Fußpfad durch den Dschungel zu einem Netz von Straßen auszubauen, auf denen auch schwere Lastwagen fahren konnten. Der Pfad zog sich mehrere hundert Kilometer von Norden durch Laos und Kambodscha bis nach Südvietnam. Er trug wesentlich zum Sieg des Nordens bei.
TRAN PHAC

Mit der Unterzeichnung des Genfer Abkommens im Jahre 1954 hatte Hanoi der Teilung des Landes zugestimmt, obgleich der Frieden eigentlich durch die Niederlage der Franzosen erreicht worden war. Im südlichen Teil des lang gezogenen Landes riss der Katholik Ngo Dinh Diem mit Unterstützung des Westens die Macht an sich. Der Norden leckte seine Wunden, machte sich an den Wiederaufbau und hoffte auf die Gunst der Stunde. Doch nach dem 5. Parteitag der Kommunisten im Jahre 1959 war man des Wartens überdrüssig. Um die geplante Wiedervereinigung durchzuführen, musste man zunächst die Südfront verstärken. Ein Aufklärungsbataillon erhielt den Auftrag, eine Verbindung nach Süden zu schaffen, über die man Sympathisanten in Südvietnam erreichen konnte. Bis zu diesem Zeitpunkt existierten nur wenige Pfade, und diese waren in schlechtem Zustand. Die Truppe sollte herausfinden, wo man Kanäle und Gräben anlegen und Versorgungsstationen errichten konnte.

Zu Beginn lagerten die Aufklärer in den Stationen lediglich Vorräte für den eigenen Bedarf. Die ersten Manner, die in den Süden gingen, waren Parteifunktionäre, die die dort lebenden Genossen mit der in Hanoi

Viet-Nam Pictorial, Datum unbekannt
Auf diesem Titelbild grüßen Dorfbewohner Soldaten, die über den Ho-Chi-Minh-Pfad marschieren. Kriegsberichterstatter, die dem Pfad Richtung Süden folgten, machten viele solcher Aufnahmen.

propagierten Politik vertraut machen wollten. Es dauerte ein weiteres Jahr, bis nach und nach auch Waffen in den Süden gelangten.

Der erste Ausbau des Pfades verschaffte den Nordvietnamesen Zugang zum Annam-Gebirge. Zwei Pässe, der nördlicher gelegene Mu Gia und der Ban Karai unweit von Tchepone in Laos, wurden für diesen Zweck genutzt. Tchepone, Saravan und Attopu im Süden von Laos entwickelten sich in der Folge regelrecht zu nordvietnamesischen Enklaven. Der südliche Teil von Laos wurde bald schon heftig umkämpft, da Nord- und Südvietnamesen und deren neue Verbündete, die USA, die strategische Bedeutung dieses Gebietes rasch erkannten. Um sich eine sichere Position im Land zu verschaffen, unterstützten die Vereinigten Staaten zunächst die königstreu gesinnten Kräfte in Laos. Sondergruppen aus Südvietnamesen und Spezialeinheiten der USA wurden in das Gebiet entsandt, um den Weiterbau des Pfades zu verhindern. Die Nordvietnamesen spürten viele von ihnen auf, nahmen sie gefangen oder töteten sie. Einigen gelang es allerdings, Flugzeuge der Luftwaffe herbeizurufen, die an Stützpunkten in Laos, Thailand, Südvietnam und im Golf von Tongking stationiert waren.

Der Pfad erwies sich für die amerikanische Luftwaffe als schwieriges Ziel. Weite Teile der Strecke waren gut versteckt, außerdem wehrten Fliegerabwehrtrupps Angriffe soweit möglich ab. Die Vietnamesen waren große Meister der Tarnung, was sie unter anderem in der Schlacht gegen die Franzosen bei Dien Bien Phu unter Beweis gestellt hatten. Die Einfahrten zu Straßen, die durch Wälder und Dschungelgebiete führten, verbargen sie geschickt hinter einem Dickicht von Blättern. Der Verkehr wurde überwiegend nachts abgewickelt, zu Beginn in der Regel mit Fahrrädern, die ihrem Spitznamen »Drahtesel« alle Ehre machten.

Der Fotograf Le Minh Truong wurde zu Dokumentationsarbeiten auf dem Pfad eingeteilt, nachdem er sich von den Lähmungserscheinungen erholt hatte, die er sich 1956 bei einer Kopfverletzung in Laos zugezogen hatte. Er erhielt eine Stellung als Texter und Fotograf bei der Parteizeitung *Nhan Dan* und gehörte zu den Ersten, die den Bau des Pfades zwischen 1959 und 1960 in Bildern festhielten. Er fotografierte bizarr ineinander verkantete Holztreppen, die einen Steilfelsen hinabführten, und *bo doi* (Truppen der vietnamesischen Volksarmee) vor den Ehrfurcht gebietenden, nebelverhangenen Bergen. Die wilde Schönheit des Pfades empfand er als einzigartig und als Kontrast zu den allgegenwärtigen Schrecken des Krieges. Der plötzliche Tod ganz ohne Vorwarnung, zum Beispiel durch einen Angriff amerikanischer B-52-Bomber, überschattete das Leben. Einmal nahm Truong eine Gruppe von Mädchen einer Pionierjugendeinheit auf, die bei der Reparatur des Pfades und beim Entschärfen von Bomben half. Er fotografierte sie während der Arbeit und nach dem Dienst. 24 Stunden später kamen sie alle bei der Explosion eines Blindgängers ums Leben.

Noch immer sträuben sich Truong die Haare, wenn er an die Schlangen auf dem Pfad denkt. Wir westlichen Journalisten nannten eine Schlangenart *twostepper*, weil man nach zwei Schritten tot umfiel, wenn sie einen gebissen hatte. Es gab aber auch solche, die die Wärme suchten und in die Hängematten der Soldaten krochen. Vielleicht war der Tod durch einen Schlangenbiss letztlich aber noch der Malaria vorzuziehen, der 20 Prozent der vietnamesischen Toten zum Opfer gefallen waren. Die Chinesen schickten zwar Medikamente gegen die Malaria, doch sie reichten nie aus. Man konnte sich nur schwer gegen die Krankheit schützen, eine Heilung war nahezu ausgeschlossen. Das Wetter trug seinen Teil zur Verbreitung bei: Während der Monsunzeit war es kalt und feucht, dazwischen dampfend heiß. In der trockenen Jahreszeit gab es kaum Wasser – kein Wunder, dass sich Ungeziefer auf jedes lebende Wesen stürzte. An einigen Stellen war das Blätterdach des Urwalds so dicht, dass das Signal einer Leuchtgranate es nicht durchdringen konnte. Der Dschungel fraß Männer und Maschinen bei lebendigem Leibe. Bombenangriffe und der Einsatz von Entlaubungsmitteln lichteten einige Stellen, doch niemals wurde das Netz des Pfades wirklich unterbrochen. 1969 waren 11 500 *bo doi*, Männer wie Frauen, ständig im Einsatz. Sie arbeiteten rund um die Uhr, das ganze Jahr über, unterstützt von Bulldozern, Presslufthämmern und sogar zwei Dampfwalzen.

Je weiter der Pfad sich nach Süden zog, desto schlechter wurden die Möglichkeiten, ihn zu verstecken. An der kambodschanischen Grenze führte er streckenweise durch weites, offenes Land mit Zuckerpalmen. Hier hieß er mit Fug und Recht »Sihanouk-Pfad«. Im nominell neutralen Kambodscha drückte Prinz Sihanouk beide Augen zu, wenn Frachter im Hafen Kompong Som, auch Sihanoukville genannt, Kriegsmaterial entluden. Freundlich gesinnte chinesische Spediteure brachten die Güter dann Richtung Nordosten an die Front. Diese Aktivitäten wurden zum Teil unterbunden, als die Amerikaner ab 1968 auch Kambodscha bombardierten. Die Grenze zwischen Vietnam und Kambodscha blieb durchlässig, doch das gesamte Gebiet war mit Bombenkratern übersät. Die Ufervegetation am Saigon-Fluss verschwand, nachdem die Amerikaner chemische Kampfstoffe wie Agent White, Blue und Orange versprüht hatten. Die Halbwertzeit dieser Chemikalien entspricht mit rund 50 000 Jahren in etwa der von nuklearen Sprengstoffen. Auf diese Weise entstanden irreparable ökologische Schäden – das Gift gelangte über den Wasserkreislauf in die Nahrungskette, verseucht bis heute Obst und Gemüse und verursacht auch in der dritten und vierten Nachkriegsgeneration noch Behinderungen.

Mitte der sechziger Jahre bildete das Netzwerk des Pfades die Hauptschlagader, die den Krieg im Süden am Leben hielt. Die Amerikaner tauften die Verbindungslinie Ho-Chi-Minh-Pfad, die Vietnamesen nannten sie Truong Son, nach den Bergen, durch die sie führte. Ein knappes Jahrzehnt zuvor hatten die Franzosen zu spüren bekommen, wie schwer es war, diese Region zu halten, obgleich damals nur ein schmaler Weg durch das Gebiet führte.

Nun standen die Amerikaner vor der gleichen Aufgabe. Um den Verkehr auf dem Pfad lahm zu legen, beschloss man unter anderem die Errichtung eines gigantischen, mehrere Millionen Dollar teuren Zauns, der nach Verteidigungsminister Robert McNamara benannt wurde und von der Küste südlich der entmilitarisierten Zone gut 50 Kilometer landeinwärts bis nach Cam Lo am Fuß der Berge verlief. Zahlreiche Sensoren entlang des Zaunes sollten eine Basis in Thailand auf Bewegungen an der Absperrung aufmerksam machen und einen schier endlosen Bombenhagel auf die entsprechenden Stellen auslösen. Die Pfad-Kommandos *(binh tram)* reagierten darauf, indem sie Viehherden über den Pfad schickten, um die Sensoren durch falsche Erschütterungen in die Irre zu führen. Die chemischen Detektoren – angeblich eine Bakterienart, die menschlichen Körpergeruch orten konnte – täuschten sie, indem sie mit Urin gefüllte Kanister in die Bäume hängten. Die akustischen Sensoren schließlich montierte man einfach ab und installierte sie an ungefährlichen Stellen neu.

Der Kampf um den Pfad entwickelte sich zu einem Ringen zwischen Technologie auf der einen und Erfindungsreichtum auf der anderen Seite. Letztlich vermochten die amerikanischen Hightech-Geräte nicht über Bambus und Fahrrad zu siegen. Es gelang dem Süden und den Vereinigten Staaten nie, den 360 Kilometer langen Korridor durch das Annam-Gebiet zu sperren, obgleich die Amerikaner sogar Silberjodid einsetzten, um Regenwolken zu erzeugen und so den Monsunregen vorzeitig auszulösen. Das Wetter ließ sich hiervon allerdings kaum beeindrucken. Auch kam man auf die Idee, Wege und Furten unpassierbar zu machen, indem man Badeöl auf der ohnehin schon glitschigen Straße verteilte. Doch wenn der Untergrund sich als zu sumpfig erwies, legten die *binh tram* eben einfach noch mehr Holzstämme und Bambusmatten darüber – mit Schlamm kannten sie sich nur allzu gut aus.

Viet-Nam Pictorial, 1975 Eine Reportage über den Ho-Chi-Minh-Pfad zeigte gegen Kriegsende den trotz der jahrelangen US-Bombardements guten Zustand der Straßen. Das Panoramabild stammt von Nguyen Dinh Uu.

Die Fotografen mussten ebenfalls Strategien entwickeln, um im Kampf gegen den Morast zu bestehen. Während der feuchten Jahreszeit hingen Matsch und Schlamm überall, blockierten die Fahrzeuge und erschwerten selbst den Elefanten das Vorwärtskommen. Das Wetter erwies sich als unberechenbarster Feind. Auf einen klaren, schönen Tag konnte eine eiskalte Nacht folgen, in der Dunst und Nebel in die Kleider krochen.

Der Monsunregen verlangsamte den Verkehr auf dem Pfad noch weiter, doch begrenzte er auch die Luftangriffe, so dass die *binh tram* in dieser Jahreszeit letztlich mehr Männer und Güter nach Süden brachten als während der trockenen Periode. Jeder, der den Pfad unter diesen Bedingungen ablichtete, kehrte mit Bildern zurück, die nach Schlamm rochen. Besonders schlimm war es im Nam, vor allem im zentralen Hochland, denn die nebelverhangenen Hügel wirkten unglaublich verlassen, geradezu geisterhaft. Die Berge waren bedrohlich, ja feindselig – niemand konnte hier nach Lust und Laune herumreisen. Vietnamesische wie amerikanische Journalisten blieben oft einfach irgendwo stecken und konnten tagelang weder fotografieren noch zu ihrer Basis zurückkehren.

Für einen Fotografen gehören Regen und Feuchtigkeit zu den ungünstigsten Arbeitsbedingungen. Viel mehr Aufmerksamkeit als auf die Motive verwendeten wir darauf, Ausrüstung und Kamera trocken zu halten und die Filme zu schützen. Die vietnamesischen Fotografen besaßen allerdings nicht wie wir zahlreiche Kameras mit verschiedenen Objektiven. In der Regel wurde dort jeder mit einer ostdeutschen Praktica mit 50-Millimeter-Objektiv ausgerüstet. In Ausnahmefällen besaßen die Männer noch eine Ersatzkamera, ebenfalls mit Festbrennweite. Gegen Kriegsende begannen sie mit der Ausrüstung zu arbeiten, die sie an eroberten feindlichen Stützpunkten und auf Schlachtfeldern gefunden hatten. Einige nahmen sogar ihre zweiäugige Rollei (Bildformat 6x6) mit an die Front. Le Minh Truong, Dinh Dang Dinh und Tran Cu fotografierten mit Mittelformatkameras, und alle stellten große, glänzende Negative her, die sie bis heute in schlichten Papierumschlägen aufbewahren. Man vermag kaum zu ermessen, unter welchen Schwierigkeiten und Entbehrungen diese Aufnahmen damals entstanden.

Die Hügel wirkten in gewisser Weise immer so, als wollten sie jeden, der ihnen zu nahe kam, aufsaugen und seine Seele in dieser übel riechenden Hölle für immer gefangen halten. Alles zerfiel, rostete, zersetzte sich, wurde von feuchter Luft, Ungeziefer und den allgegenwärtigen Pilzen zerfressen. Die Füße verwandelten sich in Schwämme, von denen die Hautschichten abblätterten, Fäulnis kroch in alle Ritzen und jede Pore des Körpers, Ungeziefer aller Art verursachte Eiterbeulen, und im Wasser der Flüsse mischten sich giftige Entlaubungsmittel mit den Bakterien des Urwalds. Sobald man einmal nicht auf der Hut war, fing man sich die Ruhr oder eine andere Krankheit ein. Das Fieber schien im Blätterdickicht der Bäume zu lauern, deren Kronen kaum frische Luft durchließen. Keine kühle Brise brachte Kühlung, und die Luft war häufig so dick, dass man sie beinahe mit der Machete schneiden konnte, so schwül und feuchtheiß, dass jeder Schritt die winzigen Zecken aufscheuchte, die in der gärenden Vegetation lebten. Sich bei einem Angriff auf den Boden zu legen, bedeutete, Bekanntschaft mit den roten Feuerameisen zu machen. Blutegel, die die Anwesenheit von Menschen auf Meilen rochen, ließen sich von den tropfenden Blättern fallen oder krochen aus dem Schlamm hervor. Wenn es darum ging, ihren Durst zu stillen, konnten sie sich sogar durch die Ösen von Schnürstiefeln zwängen. Wenn man nach einem Tag in dieser menschenfeindlichen Gegend die Schuhe auszog, lief einem meistens das eigene Blut entgegen. Die offenen Ho-Chi-Minh-Sandalen bescherten dem Blut saugenden Ungeziefer ein bequem erreichbares Festmahl. Die *bo doi* und die vietnamesischen Fotografen banden sich zum Schutz einfache Stofffetzen um die Füße, die natürlich wenig nützten.

Hanoi, Februar 1968 Diese Aufnahme durch die Windschutzscheibe eines für den Ho-Chi-Minh-Pfad beladenen Tarnfahrzeugs zeigt den Bahnhof von Hanoi. Der Fotograf erinnert sich: »Ich machte diese Aufnahme, weil ich für lange Zeit wegfuhr und dachte, Hanoi würde bei meiner Rückkehr vielleicht ganz anders aussehen.« Tatsächlich griffen US-Bomber den Bahnhof von Hanoi mehrfach an.

MAI NAM

Provinz Quang Binh, 1966 Nordvietnamesische Soldaten steigen eine Treppe an einem Felshang direkt oberhalb der entmilitarisierten Zone hinunter. »Zu jener Zeit benutzten wir nur schmale Pfade auf der vietnamesischen Seite der Grenze«, erinnert sich der Fotograf. Damals fuhren noch keine Autos auf dem Ho-Chi-Minh-Pfad. »Der östliche Abschnitt des Pfades war besonders schwer zu begehen. Jeder trug neben seinen persönlichen Sachen mindestens 20 Kilo Gepäck.«

LE MINH TRUONG

Südvietnam, 1966 Guerillakämpfer des Vietcong transportieren Essen und Munition über den südlichsten Abschnitt des Ho-Chi-Minh-Pfades. Flüsse und Sümpfe bildeten neben US-Angriffen, die etwa 30 000 Menschen das Leben kosteten, die Haupthindernisse. Der Fotograf kam 1967 bei einem Luftangriff in der Provinz Vinh Long im Mekongdelta ums Leben.

DINH THUY

GEGENÜBER

Tchepone, Laos, März 1971 Laotische Guerillakämpfer beliefern zu Fuß und mit Elefanten nordvietnamesische Truppen in Südlaos mit Versorgungsgütern. Mit der Operation Lam Son 719 wollte man die Kampfstärke der Südvietnamesen zu einem Zeitpunkt testen, da die Unterstützung der USA allmählich schwand. Tatsächlich flohen die südvietnamesischen Soldaten in Panik.

DOAN CONG TINH

Ban Don, 1971 Nordvietnamesische Soldaten, darunter der Fotograf (rechts), planen ihr Vorgehen an der Route 9 im Süden von Laos, einem wichtigen Knotenpunkt des insgesamt über 19 000 Kilometer langen Straßennetzes. Trotz aller Bemühungen der Amerikaner und Südvietnamesen wurden pro Monat rund 20 000 Tonnen Versorgungsgüter über den Pfad transportiert.

THE DINH

GEGENÜBER

Zentralvietnam, Datum unbekannt Arbeiter reparieren einen auf Pfählen ruhenden Dschungelpfad. Dieses Gebiet litt besonders stark unter Luftangriffen, und fast alle hier stationierten Fotografen kamen ums Leben. Zu Kriegsbeginn bildete der Norden die Gruppe 559, die den Pfad bauen, unterhalten und verteidigen sollte. Die Einheit, der schließlich 75 000 Männer und Frauen angehörten, schoss 2458 US-Flugzeuge ab.

THANH TUNG

Quang Binh, 1969 Nordvietnamesische Truppen marschieren auf einem Abschnitt des Ho-Chi-Minh-Pfades unweit der Grenze zwischen Laos und Vietnam über nebelverhangene Berge nach Süden. 1964 begann der Norden den 1959 begonnenen Pfad auszubauen, der sich durch Laos und Kambodscha bis nach Südvietnam zog. Trotz heftiger Bombenangriffe wurden die ehemaligen Fußpfade erweitert, so dass Lastwagen und andere Fahrzeuge darauf verkehren konnten.

LE MINH TRUONG

LAM TAN TAI

1965 eskalierte der Krieg. Ich hatte – nach einem vierjährigen Studienaufenthalt in Moskau – gerade mein Archäologiestudium an der Universität Hanoi abgeschlossen. Dann wurde ich einberufen und über den Ho-Chi-Minh-Pfad nach Süden geschickt. Für uns aus dem Süden war es eine große Auszeichnung, wenn wir nach Süden gesandt wurden, besonders als Fotografen. Nur die kräftigsten Leute wurden ausgewählt.

Uns beflügelten nicht allein patriotische Gefühle, sondern auch jugendliche Abenteuerlust. Damals ging der Spruch »Grünes Gras oder rote Brust« um: Stürben wir, würde das Gras grüner als zuvor sprießen, blieben wir am Leben, so würden rote Orden unsere Brust bedecken. Trotz der großen Gefahr hatte ich außerdem stets den Wunsch verspürt, an meinen Geburtsort in der Provinz Dong Thap im Mekongdelta zurückzukehren.

Mein stetiger Begleiter war eine kleine ostdeutsche Kamera, die ich in Moskau gekauft hatte, wo ich auch meine Liebe zur Fotografie entdeckt hatte. Von dem Augenblick an, als wir in der Provinz Quang Binh nördlich der entmilitarisierten Zone von den Wagen sprangen, fotografierte ich monatelang ohne Pause, während wir den Pfad hinunter bis tief in den Süden hinein wanderten. Ich war voller Energie. Die meiste Zeit lief ich bergauf vor den Versorgungskonvois her oder kletterte Hänge hinauf, um die Wagen und Menschen, die über Gebirgspässe und Brücken zogen, besser ins Visier nehmen zu können.

Je weiter wir nach Süden vordrangen und je schwieriger die Lage wurde, desto weniger Energie blieb mir, um nach besonderen Blickwinkeln für ausgefallene Fotos zu suchen. Tod und Zerstörung lähmten mich. Eine sehr enge Freundin, eine junge Frau, die in den Süden ging, um im Widerstandsgebiet Schulkinder zu unterrichten, wurde bei einem der häufigen Bombenangriffe schwer verletzt und zurück in den Norden gebracht. Ich sah junge Soldaten, die an der Ruhr starben, weil sie Wasser direkt aus Gebirgsbächen getrunken hatten, ohne es vorher abzukochen. Viele andere fielen der Malaria zum Opfer, nur weil sie zu erschöpft waren, um nachts ein Moskitonetz über ihren Hängematten aufzuspannen.

Der Schlamm und die schweren Lasten, die wir trugen, dazu sieben Kilo Reis, die zwei Wochen lang reichen mussten, nahmen uns ebenfalls viel Kraft. Unsere mageren Rationen besserten wir auf, indem wir im Urwald nach essbaren Pflanzen und Früchten suchten.

Wir marschierten den ganzen Tag und manchmal auch noch nachts, bei einem einzigen Ruhetag pro Woche. An diesem Tag entwickelte ich meine Filme. Ich aß bei Einbruch der Dämmerung und bereitete anschließend meine Entwicklerlösungen vor. Gegen 21 Uhr, wenn alle schliefen, entwickelte ich die Filme, die ich in der vorangegangenen Woche verknipst hatte. Der riesige dunkle Wald diente mir als Dunkelkammer. Gegen Morgen wässerte ich meine Abzüge in einem Bach und hängte sie zum Trocknen in die Bäume. Am Nachmittag schnitt ich sie und versah sie mit Titeln. Ich wickelte die Abzüge und die Negative in Papier ein und verstaute sie in einer Plastiktüte, die ich stets dicht am Körper trug.

Mein Ziel war Cu Chi nördlich von Saigon unweit der 25. US-Infanterieeinheit. Wir wohnten am Rande von Dörfern, die der Feind zuvor besetzt gehalten hatte. Dort gab es keine der berühmten Tunnel, wie etwa in Cu Chi, in denen wir uns hätten verstecken können. Wir gruben große Wasserkrüge in die Erde ein, so dass nur das obere Ende frei blieb. Wenn die Dorfbewohner den Feind kommen sahen, warnten sie uns. Dann sprangen wir rasch in diese Krüge und zogen einen getarnten Deckel so darüber, dass nur noch eine kleine Öffnung zum Atmen blieb. Wenn der Feind zu nahe kam, verschlossen wir die Deckel vollständig. Mindestens zwei meiner Kameraden erstickten, während sie darauf warteten, dass der Feind abzog.

Während der Tet-Offensive im Jahr 1968 war ich dem Tod am nächsten. Wir waren bis nach Saigon vorgedrungen und filmten unsere Truppen, die in Cholon kämpften. Doch die Verstärkung, die wir dringend erwarteten, kam nie an, und so saßen wir in der Falle. Zwei meiner Freunde, ein Kameramann und ein Reporter, kamen dabei ums Leben. Bei der Explosion einer M-79-Granate verlor ich ein Auge, doch zwei ältere Frauen, die den Widerstand unterstützten, kamen mir zu Hilfe. Sie brachten mich in ein öffentliches Krankenhaus, wo man mich dank des gefälschten Ausweises, mit dem ich in die Stadt gelangt war, für einen verwundeten Zivilisten hielt.

Truong-Son-Gebirge, Juli 1974
Nordvietnamesische Soldaten schieben einen in Russland hergestellten Laster aus dem Schlamm. Wegen der zahlreichen Sümpfe entlang der Strecke legten die Fahrzeuge manchmal pro Tag kaum mehr als zwei Kilometer zurück. Auch nachdem man den Pfad so ausgebaut hatte, dass schwere Fahrzeuge und Panzer auf ihm fahren konnten, transportierte eine schier endlose Schlange von Menschen Lasten, die manchmal genauso viel wogen wie sie selbst.

LAM TAN TAI

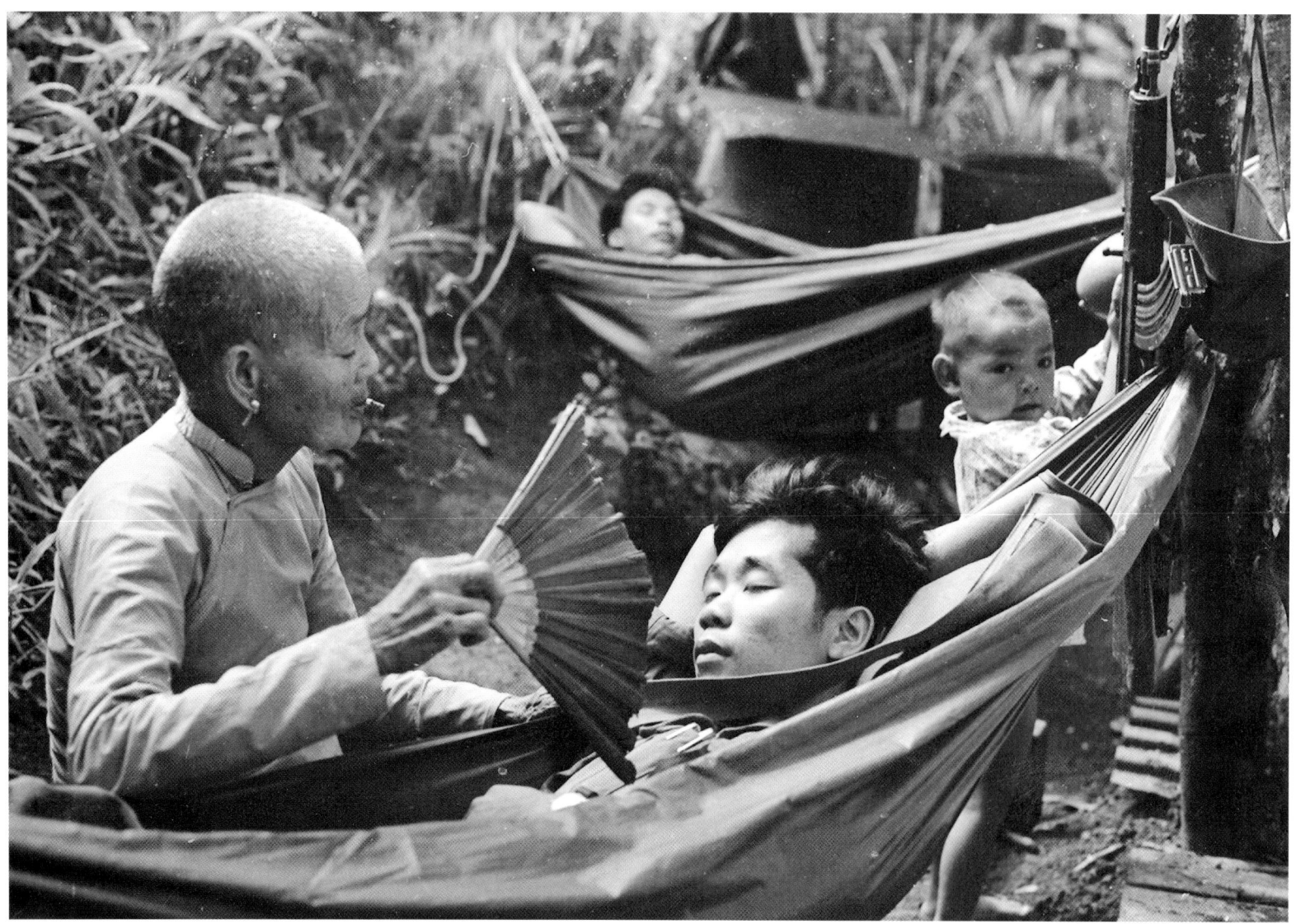

Cam Lo, Juni 1972 Eine alte Frau aus einem Dorf fächelt einem schlafenden Fahrer bei einer Rast an der Grenze zur entmilitarisierten Zone Luft zu. Das Bild belegt, dass die Einheimischen den Krieg nach besten Kräften unterstützten. Häufig fuhren die Lastwagen nachts, um nicht entdeckt zu werden, doch floss der Verkehr auch tagsüber. Da die Bombenangriffe meistens etwa um die gleiche Uhrzeit erfolgten, konnten sich die Fahrer während dieser Zwangspause ausruhen.

HOANG KIM DANG

Unbekannter Ort, Juli 1974 Lastwagen fahren über einen schlammigen Abschnitt des Ho-Chi-Minh-Pfades, an dem die Straße erweitert wurde. Entlang der Strecke wurden Telefonleitungen verlegt, so dass die Konvois miteinander kommunizieren konnten, ohne dass sie leicht zu ortende Funkgeräte benutzen mussten. Die meist unterirdischen Versorgungseinrichtungen umfassten Krankenstationen, Tankstellen und Vorratslager.

LAM TAN TAI

Provinz Ha Tinh, 1967

Die Pionierin La Thi Tam zählt
Bomben, die bei Dong Loc
abgeworfen werden. Das Dorf
lag an einer wichtigen Kreuzung
des Pfades und wurde deshalb
besonders oft angegriffen.
Abgeworfene Minen gruben sich
in den Boden und detonierten,
wenn Fahrzeuge darüber fuhren. Man zählte die herabfallenden Bomben, um sie zu
entschärfen, ehe sie Unheil
anrichteten.

VAN BAO

GEGENÜBER

**Nordvietnam, Datum
unbekannt** Örtliche Milizen
und Dorfbewohner tarnen eine
Brücke mit Zweigen und Bana-
nenblättern, um sie vor amerikanischen Angriffen zu schützen. Der Fotograf hielt den Ort,
an dem er das Bild aufgenommen hatte, aus Sicherheitsgründen während des Krieges
geheim und beschriftete den
Abzug nicht. Die Vietnamesen
waren so große Meister der
Tarnung, dass man versteckte
Objekte selbst bei genauester
Beobachtung aus der Luft nicht
erkennen konnte.

FOTOGRAF UNBEKANNT

Provinz Quang Binh, 1967 Eine Napalmbombe taucht einen Abschnitt des Pfades in grelles Licht. Napalmbomben gehörten zu den gefürchtetsten Waffen des Krieges, denn die Opfer erlitten schwere Brandverletzungen, auch wenn sie nicht direkt mit dem Stoff in Kontakt kamen. Die Fotografen gingen daher ein hohes Risiko ein: »Unsere Ausrüstung war sehr primitiv. Wir besaßen keine Teleobjektive wie heute und mussten daher sehr nahe ans Geschehen herangehen.«
LE MINH TRUONG

Provinz Quang Binh, März 1969 Das Panoramabild aus sechs Negativen zeigt Versorgungsfahrzeuge, die durch einen geisterhaften, von amerikanischen Entlaubungsmitteln zerstörten Wald fahren. Die USA setzten in erster Linie Agent Orange ein. Insgesamt versprühten sie 18 000 Tonnen dieses Stoffes über eine Fläche von rund 20 000 Quadratkilometern und richteten damit irreparable ökologische Schäden an. Noch immer werden in Vietnam Kinder mit genetischen Defekten geboren, die auf den Einsatz von Agent Orange zurückzuführen sind.

VAN SAC

Cu Chi, 1975 Freiwillige Helfer bereiten den Bau eines neuen Stützpunktes außerhalb von Cu Chi am südlichen Ende des Ho-Chi-Minh-Pfades, nur 40 Kilometer von Saigon entfernt, vor. Während des gesamten Krieges hatten die Amerikaner diese Region wegen der zahlreichen verborgenen Tunnel häufig angegriffen. Cu Chi gehörte zu den Schlüsselstellungen, von denen aus der letzte Angriff auf die Hauptstadt des Südens erfolgte.

MAI NAM

GEGENÜBER

Unbekannter Ort, 1969 Nordvietnamesische Soldaten rasten wenige
hundert Meter vom Ho-Chi-Minh-Pfad entfernt außer Sichtweite
amerikanischer Flugzeuge in ihren Hängematten. »Junge Leute, die in
den Süden zogen, waren zu jedem Opfer bereit«, erinnert sich der
Fotograf. »Als der Norden bombardiert wurde, beschlossen sie zu
kämpfen. Ich war genau wie alle anderen. Ich machte mich mit
derselben Leidenschaft auf den Weg.«
LE MINH TRUONG

Unbekannter Ort, 1970 Eine Pionierin spielt während einer Pause
Gitarre. Sie gehörte zu einer Gruppe junger Frauen, die von US-Flugzeugen abgeworfene Minen entschärften. Am Tag, nachdem das Bild
entstanden war, kam sie ums Leben. »Nichts blieb von ihr übrig«,
erinnert sich der Fotograf, »nicht einmal eine Leiche. Nichts außer ein
paar verstreuten Kleiderfetzen.«
LE MINH TRUONG

Ort und Datum unbekannt Der Vietcong-Kämpfer Bui Van Quang
trägt einen Freund, der auf dem Pfad unweit der kambodschanischen
Grenze verletzt wurde. Bui schleppte seinen Kameraden zwei Stunden
lang durch den Bombenhagel. Zwar organisierte der Vietcong zu
Beginn des Krieges den Widerstand, doch nach der Tet-Offensive im
Jahr 1968 führten reguläre nordvietnamesische Truppen die meisten
Gefechte, die im Süden stattfanden.
FOTOGRAF UNBEKANNT

Provinz Ha Tinh, Datum unbekannt Eine Abordnung der Regierung besucht Soldaten und Milizen im Dorf Dong Loc an einer wichtigen Kreuzung im südlichen Nordvietnam. Heute kommen viele Touristen hierher. Das Panoramabild aus drei Negativen soll belegen, wie stark die Bevölkerung den Krieg unterstützte und wie nahe sich Funktionäre und Basis standen.

FOTOGRAF UNBEKANNT

Can Le, 30. Juni 1966 Nordvietnamesische Soldaten überqueren einen Fluss unweit der kambodschanischen Grenze. Der französische Präsident Charles de Gaulle besuchte Kambodscha im September 1966 und bat die Amerikaner eindringlich, sich aus Vietnam zurückzuziehen. Ende des Jahres hatten die USA jedoch ihre Truppen auf insgesamt 400 000 Mann aufgestockt. Im Gegenzug marschierten jeden Monat Tausende von nordvietnamesischen Kämpfern nach Süden.

LE CHI HAI

GEGENÜBER

Provinz Quang Tri, 1972 Eine nordvietnamesische Propagandaeinheit zieht durch ein Dorf in der Nähe der entmilitarisierten Zone. Mit den Lautsprechern forderte man die Dorfbewohner im Süden auf, sich dem Widerstand anzuschließen. 1974 machte der Fotograf Bilder vom Ho-Chi-Minh-Pfad nördlich von Saigon, als ein Bombenangriff seine Kameras und hundert Filme zerstörte.

DINH DANG DINH

Kambodscha, 1972 Guerillakämpfer bewegen sich auf der kambodschanischen Seite der Grenze gegenüber von Tay Ninh, einem Stützpunkt des Vietcong. Der Marsch durch offenes Gelände war sehr gefährlich, selbst in Kambodscha oder Laos. 1969 begannen die USA auch Kambodscha »heimlich« zu bombardieren, 1970 drangen südvietnamesische und amerikanische Truppen kurzzeitig nach Kambodscha ein.

LE MINH TRUONG

Südlaos, April 1971 Nordvietnamesische Soldaten laufen nahe beim »Namenlosen Hügel« über ein Feld mit gefallenen südvietnamesischen Kämpfern. Im Rahmen der Operation Lam Son 719 kam es zu schweren Gefechten, nachdem der Süden versucht hatte, den Ho-Chi-Minh-Pfad zu sperren. Letztlich beschleunigte dieser Angriff das Ende des Krieges. Der Fotograf erinnert sich an die heftigen Kämpfe: »Als ich später zu den Schlachtfeldern zurückkehrte, weinte ich bitterlich.«

DOAN CONG TINH

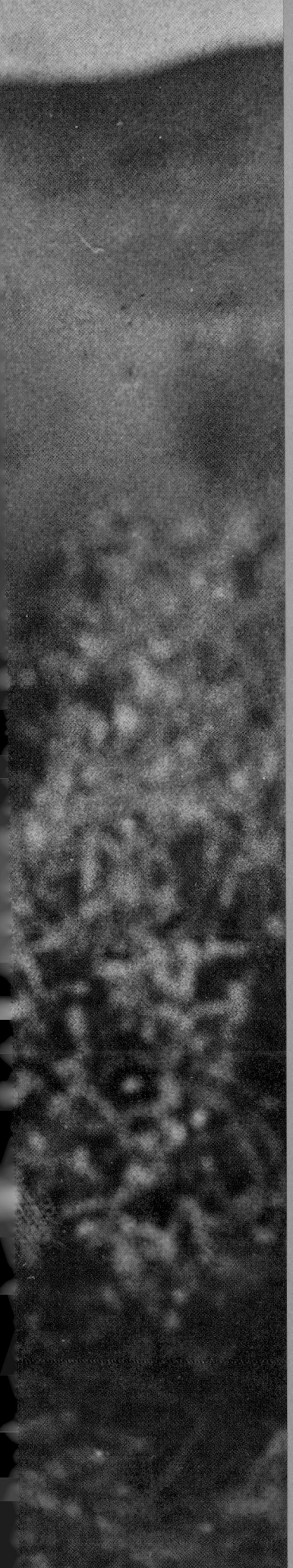

QUYET THANG:
ZUM SIEG
ENTSCHLOSSEN

4. KAPITEL

Am 31. Januar 1968 konnten die Menschen weltweit an ihren Fernseh-
geräten verfolgen, wie ein Vietcong-Kommando ein Loch in die Mauer der
US-Botschaft in Saigon sprengte und sich anschließend auf dem Gelände
bis zum letzten Mann verteidigte. Der kühne Angriff erfolgte wenige Meter
von den Büros der westlichen Medien entfernt. Fast zeitgleich kam es zu
Angriffen und Gefechten in fast allen größeren Orten im Süden. Hunderte
von Journalisten aus aller Welt berichteten über die Tet-Offensive, benannt
nach dem Monat des vietnamesischen Kalenders, in dem sie begann. Eine
Fülle von Bildern und Filmen aus Vietnam gelangte auf diese Weise in die
westlichen Zeitungen und Fernsehprogramme.

Die Nordvietnamesen hatten ihre Fotojournalisten natürlich ebenfalls
an strategisch wichtigen Stellen postiert. Zwar vermied man es stets, die
bao chi, die Träger jener Informationen, über die der Feind nur allzu gerne
verfügt hätte, in Gefahr zu bringen, doch wussten die Funktionäre im
Norden durchaus um die Bedeutung von Pressefotos und Reportagen.
Deshalb ging man das Risiko ein und arrangierte sich mit den Journalisten.
Allerdings wurden die meisten Fotografen nur der Nachhut zugeteilt.

Provinz Quang Tri, 1970

Ein nordvietnamesischer Soldat
hilft einem verwundeten Kameraden während eines Gefechts
südlich der entmilitarisierten
Zone. Wie viele seiner Kollegen
musste auch Doan Cong Tinh
seinen Film persönlich zurück in
den Norden bringen, damit die
Bilder veröffentlicht werden
konnten. »Wir verfügten nicht
über dieselben Mittel wie die
amerikanischen Fotografen,
sondern mussten das, was uns
am Herzen lag, selbst an Ort
und Stelle bringen.«
DOAN CONG TINH

Viet-Nam Pictorial, 1972 Zwar wurde ausführlich über den Kampf um Quang Tri berichtet, doch gab es nur wenige Bilder aus dem Inneren der Zitadelle. Doan Cong Tinhs Aufnahme rechts hat Seltenheitswert.

Der Norden hatte gehofft, durch die Tet-Offensive einen Volksaufstand im Süden auszulösen. Doch die Amerikaner und Südvietnamesen erholten sich innerhalb weniger Tage von dem Schlag und ergriffen rasch Gegenmaßnahmen. Im Mai unternahm der Norden einen neuen Angriff und eroberte im Rahmen der Mini-Tet-Offensive abermals große Teile von Saigon. Im Sommer bemühten sich Diplomaten, bei den Friedensverhandlungen in Paris dauerhafte Ergebnisse zu erzielen. Diese ruhige Phase nutzten die Nordvietnamesen, um ihre Infrastruktur zu verbessern sowie neue Soldaten und Material heranzuschaffen. Es verwundert nicht weiter, dass aus dieser Zeit nur wenige Bilder existieren, denn die Offensive hatte auf beiden Seiten, auch unter den Journalisten, viele Opfer gefordert.

Die Vorbereitungen auf die Tet-Offensive hatten Jahre in Anspruch genommen. Letztlich hatten die Nordvietnamesen damit ihren Feinden einen Schlag versetzt, von dem diese sich vordergründig rasch erholten, der aber in psychologischer Hinsicht das Ende des Krieges einläutete. Amerikas führender Fensehkommentator Walter Cronkite vom Sender CBS berichtete aus der alten Hauptstadt Hue, die unmittelbar südlich der entmilitarisierten Zone lag, und stellte erstmals die Möglichkeit eines amerikanischen Sieges ernsthaft in Frage. Weite Teile der Öffentlichkeit schlossen sich seiner Meinung an. Die Angriffe hatten den USA und Südvietnam vor Augen geführt, dass sie den Krieg nicht gewinnen konnten. Immer deutlicher zeigte sich auch, dass es den Amerikanern nicht gelingen würde, mit Polizeimethoden ein Land zu regieren, in dem es von Sympathisanten des Feindes nur so wimmelte. Eine Niederlage zeichnete sich ab angesichts eines Feindes, der sich einfach nicht einschüchtern ließ und wieder und wieder zuschlug.

Ho Chi Minh hatte den Willen zum Sieg fest in den Menschen verankert. Ohnehin träumten die Vietnamesen seit langer Zeit von einer geeinten Nation. Bereits im Jahre 40 n. Chr. hatten die Schwestern Trung die Chinesen wenigstens kurzzeitig aus Vietnam vertrieben. Ho und seine Generäle nahmen die alte Tradition wieder auf, wobei sie sich moderner Technologien und Ideologien bedienten. Kein Opfer war für die gute Sache zu groß. »Quyet Thang«, der feste Entschluss zu siegen, erfüllte die Herzen und würde zum Erfolg führen.

Während der Kolonialzeit hatten die Franzosen sich bemüht, alle Aspekte des vietnamesischen Lebens zu beeinflussen und Gesellschaft wie Kultur nach ihrem Modell zu formen. Dieser Versuch war jedoch gründlich fehlgeschlagen. Die Willenskraft der Vietnamesen ließ vielleicht zeitweilig nach, schwand aber nie ganz. Letztlich hielt man in den meisten Bereichen an der eigenen Tradition fest.

Ho Chi Minh hatte zwar französische Schulen besucht, doch letztlich fühlte er sich der Tradition des Taoismus, Konfuzianismus und Buddhismus verbunden, jenen drei Säulen, die den Glauben der Vietnamesen seit alters bestimmten. Ho verband diese Weltsicht mit seinem Verständnis des Kommunismus und schuf auf diese Weise ein eigenständiges vietnamesisches Modell. Von den Lehren der Russen und Chinesen übernahm er diejenigen Anteile, die für sein Land von Nutzen waren. Der Rest wurde ohne viel Federlesens verworfen. Diese Sonderform des Sozialismus und Kommunismus prägte das gesamte politische und öffentliche Leben in Vietnam.

Im Verlauf des Krieges entwickelte sich die Fotografie zu einem der wichtigsten Träger des Engagements für die gemeinsame Sache. Die älteren Fotografen, die sich Ho Chi Minh anschlossen, waren in erster Linie Revolutionäre im Dienste Vietnams und erst in zweiter Linie Mitglieder der Kommunistischen Partei. Wir neigen dazu, sie alle als Kommunisten abzustempeln, und sehen in ihnen meistens linientreue Aktivisten, die sich ganz und gar der Partei verschrieben hatten; in Wirklichkeit ging es ihnen jedoch hauptsächlich um die

Halbinsel Ca Mau, 1968
Anhand einer Karte bereiten Partisanen im Mekongdelta die Tet-Offensive vor. Nordvietnamesen und der Vietcong griffen zahlreiche Städte im Süden an. Sie verloren etwa 40 000 Mann, errangen aber in psychologischer Hinsicht einen Sieg. Nach Auskunft des Fotografen kamen mehrere der hier abgebildeten Männer ums Leben.

VO ANH KHANH

Unabhängigkeit ihres Landes. Natürlich waren sie dadurch auch Teile des »harten Kerns« und Stützen der nordvietnamesischen Propagandamaschinerie.

Nguyen Dinh Uu, Dinh Dang Dinh und Tran Cu fotografierten Aktivitäten von Zivilisten und Militärs, und die Bilder, die sie während des Kampfes gegen die Franzosen bei Dien Bien Phu aufgenommen hatten, erschienen in Tageszeitungen und im *Viet-Nam Pictorial*, wann immer dies zur Hebung der Moral nützlich schien. In dieser Hinsicht war die nordvietnamesische Fotografie reine Propaganda, die die Menschen dazu bringen sollte, sich für eine weitere Schlacht bereitzuhalten.

Abgesehen davon spielten die Fotografen eine durchaus wichtige Rolle bei der Beschaffung von Informationen und Erkenntnissen. Dinh Dang Dinh und andere arbeiteten auch als Kundschafter, und manche Fotografen hatten sogar als Kundschafter begonnen, bevor sie zum ersten Mal eine Kamera in die Hand nahmen. Zu Beginn des Krieges standen die Chancen für den Norden nicht gut. Nach der Tet-Offensive schöpfte man neuen Mut, doch gleichzeitig

Viet-Nam Pictorial, **1967** Partisanen greifen in den südvietnamesischen Sümpfen eine feindliche Einheit an. Von Vietcong-Fotografen im Süden aufgenommene Bilder erreichten die Zeitungen im Norden nur selten.

nahmen die Bombenangriffe zu. Irgendwann nahmen die Menschen es einfach hin, dass der Tod jeden überall und jederzeit überraschen konnte.

Das Magazin *Viet-Nam Pictorial*, das zeitweise in mehreren Sprachen erschienen war, wurde nun wieder ausschließlich auf Vietnamesisch und Englisch veröffentlicht. Der Norden tat sich mit dem internationalen Vertrieb schwer. Die Vietnam News Agency arbeitete mit einem Netz von Verteilern, die das Magazin über die Botschaften im Ostblock und anderen europäischen Ländern an die dortige Presse weitergaben. Manchmal verging eine ganze Woche, bis eine Fotoreportage auf dem entsprechenden Schreibtisch landete. Häufig hatten neue Ereignisse die Story dann längst überholt und überflüssig gemacht. Die Situation blieb unverändert, bis Hanoi im Jahre 1971 endlich ein eigenes System von Bildtelegrafen einführte.

In der Zwischenzeit schickte der Norden seine Filme und Fotografien häufig zu Festivals und Ausstellungen in sozialistischen und blockfreien Ländern. Dort gewannen diese Arbeiten regelmäßig Preise, und zwar durchaus nicht nur für korrekte revolutionäre Gesinnung und heroische Inhalte. Stil und Form der Filme und Fotos überzeugten die Jurys und hätten auch in nichtkommunistischen Ländern mehr Beachtung finden sollen.

Als der Krieg weiter voranschritt, wuchs eine neue Generation von Fotografen heran, die der Partei natürlich ebenfalls die Treue hielt, jedoch Journalismus und Fotografie stärker als fachliche Herausforderung begriff. Diese Reporter waren zu größeren Risiken bereit als ihre Vorgänger und scheuten sich in ihrem Eifer auch nicht, geltende Regeln zu verletzen. Doan Cong Tinh war einer von ihnen. Er blieb auch mitten im Kampf dicht bei der Truppe, suchte sich einen ortskundigen Führer, missachtete Anordnungen und setzte seinen ganzen Erfindungsreichtum ein. In offenem Gelände machte er Bilder von Gefechtsstellungen an der alten McNamara-Linie, doch auch mitten im Urwald gelangen ihm herausragende Fotos.

Bei den Offensiven im Jahre 1971 lernte Doan Cong Tinh auch die Taktiken des Straßenkampfes kennen. Damals hatten sich die Orte im Süden durch die vielen Flüchtlinge stark ausgedehnt. In bewohnten Gebieten ist das Kämpfen besonders gefährlich, weil der Feind das Feuer jederzeit aus dem Hinterhalt eröffnen kann und Gebäude die Ortung des Gegners erschweren. Das gesamte Leben spielt sich – wie auch die Angriffe selbst – in kurzen Phasen ab, in denen man von Versteck zu Versteck hastet und auf dem Weg zum nächsten Hauseingang, Müllhaufen oder abgebrannten Fahrzeug Schüsse abgibt. Für jeden Heckenschützen, der mit dem Gewehr im Anschlag wartet, gibt man eine gute Zielscheibe ab. Nichts lässt sich auf diesem Terrain vorausplanen, jede Bewegung muss genau berechnet werden, wenn man überleben will. Wenn man sich dazu noch pausenloses Feuer von Artillerie- und Marinegefechtsstellungen sowie Bombenangriffe aus der Luft vorstellt, kann man ungefähr ermessen, wie solche Straßenkämpfe ablaufen, ganz gleich ob sie in Vietnam oder – wie in jüngerer Vergangenheit – in Sarajevo oder Grosnyj stattfinden.

Immerhin war Doan Cong Tinh dadurch auf die Schlacht von Quang Tri vorbereitet, die in einer klassischen Zitadelle des 18. Jahrhunderts mit Wehrmauern, Kasematten und einer zentralen Kommandobastion stattfand. Dahinter lagen wichtige Verteidigungsstellungen der Stadt und mehrere strategisch bedeutende Brücken. Wie Hue lag auch Quang Tri in Reichweite amerikanischer Kriegsschiffe. Als der Norden Quang Tri 1972 angriff, kamen Panzerbataillone mit Schützenpanzern und Stoßtruppen zum Einsatz.

Der Kampf dauerte drei Tage, und Doan Cong Tinh selbst stürzte sich trotz anders lautender Befehle mitten ins Getümmel. Er fürchtete, dass die Bilder, die er von diesem Albtraum machte, zu seinem Ausschluss aus der Partei führen würden, doch das Gegenteil war der Fall. Wie der Norden ging auch er siegreich aus dem Inferno von Quang Tri hervor.

Je mehr der Norden an Boden gewann, desto mehr Fotomaterial gelangte ungehindert nach Süden, wo es den verarmten, aber talentierten Genossen zur Verfügung gestellt wurde. Einer von ihnen, Trong Thanh, erhielt auf diese Weise eine Leica M, die fortan seine beiden Prakticas ersetzte. Er erinnert sich noch genau an die Freude, die ihn wie jeden guten Fotografen erfasste, als er das Meisterstück zum ersten Mal in den Händen hielt und hindurchschaute. Er wurde zum begeisterten Fotografen, der bewegende Aufnahmen machte. Einmal beteiligte er sich an einem Angriff auf ein südvietnamesisches Schiff, der völlig misslang. Die nordvietnamesischen Soldaten eröffneten das Feuer zu früh, feindliche Hubschrauber beschossen sie und zwangen sie zum Rückzug. Inmitten des Kugelhagels rettete Trong Thanh einen Kameraden, der aus einer klaffenden Wunde blutete, und brachte ihn auf einem selbst gebauten Floß über eine Bucht. Seine Leica und der größte Teil seiner Ausrüstung gingen dabei über Bord. Der Kamerad starb wenig später in seinen Armen.

Im September 1969 starb Ho Chi Minh im Alter von 79 Jahren an Herzversagen. Sein Tod lähmte den Siegeswillen der Nordvietnamesen kurzzeitig. Die gesamte Nation war tief betroffen, der Krieg kam fast überall zum Stillstand. Auf diese Weise wollten die Menschen Ho würdigen und ihm die letzte Ehre erweisen. Das System, an dessen Spitze er gestanden, und der Apparat, den er aufgebaut hatte, existierten jedoch weiter, und letztlich schöpfte man aus der Trauer Kraft, die den Norden aus der Krise herausführte und ihm neuen Mut gab.

Über 20 Fotografen nahmen die Beerdigungszeremonie für Ho Chi Minh auf, zu der zahlreiche bedeutende kommunistische Führer erschienen. Das Parteiorgan *Nhan Dan* und das Magazin *Viet-Nam Pictorial* berichteten ausführlich über den Abschied von Ho.

Danach ging der Krieg so erbittert weiter wie zuvor. Die Opposition zog ihre Truppen und Einheiten nun etwa im gleichen Maß ab, wie die »Vietnamisierung« der südvietnamesischen Verbände voranschritt. Die Zahl südvietnamesischer Deserteure und Überläufer stieg sogar dort, wo Einheiten neu ausgehoben wurden. Da die Amerikaner sich immer mehr zurückzogen, wuchs die Zahl der Opfer auf südvietnamesischer Seite. Das Regime in Saigon profitierte zunächst noch von der Flucht der völlig verängstigten Bevölkerung in die Städte. Die Lage im Süden wurde aber immer unsicherer, und die Straßen außerhalb der Städte waren nahezu unpassierbar. In den Vereinigten Staaten verspürte fast niemand mehr den Wunsch, den Krieg fortzusetzen. Letztlich hatte der Norden den Konflikt längst für sich entschieden.

Je deutlicher sich der Sieg des Nordens abzeichnete, desto weniger bemühte sich Hanoi, seine Fotografen und ihr Material vor dem Feind zu schützen. Noch immer forderte der Krieg viele Opfer, doch dies konnte den Willen zum Sieg, der alle erfasst hatte, nicht mehr aufhalten.

Die Überlebenden trugen ohne Ausnahme Wunden davon. Alle heute noch lebenden Fotografen haben, genau wie ihre westlichen Kollegen, Hör- und Rückenprobleme. Wer immer sich in der Nähe aufhielt, wenn eine Bombe oder Granate explodierte, erlitt allein durch die Erschütterung bleibende Schäden. Alle, die den Krieg miterlebt haben, erinnern sich voller Schrecken an Luftangriffe, bei denen sie sich in Schutzkellern, Bunkern oder Tunneln befanden. Die grauenvolle Erfahrung, verschüttet zu sein, das Pfeifen einer herannahenden Granate oder Bombe lässt keinen so schnell wieder los.

Wenn man heute mit dem Expresszug von Hanoi nach Süden fährt, tauchen nördlich der Stadt Thanh Hoa am Südufer des Ma riesige, weiß getünchte Buchstaben auf. »Quyet Thang« – »Zum Sieg entschlossen«, steht dort. Es ist die gleiche Botschaft, die Piloten während des Krieges sahen, wenn sie über dieses Gebiet flogen. Erst in den letzten Jahren verwandelte Thanh Hoa sich allmählich in eine gewöhnliche Stadt. Wie die Buchstaben oben auf der Klippe über dem Fluss erinnert hier noch vieles an den Krieg.

Mekongdelta, 1973

Ein Vietcong-Partisan wird von einem Operationsteam an einem Seitenarm des Mekong versorgt. Ambulante Ärzteteams waren in der Guerilla, die sich ständig bewegte, unverzichtbar. Entlang des Ho-Chi-Minh-Pfades gab es überdies unterirdische Feldlazarette mit Operationsräumen.

LE MINH TRUONG

DOAN CONG TINH

Jeder Fotograf wollte an der Front sein. Doch das war gar nicht so leicht. Viele meiner Kollegen erreichten die vorderen Linien nie, weil sie schon auf dem Weg dorthin umkamen. Ich sah zwei meiner besten Freunde sterben. Nach jedem von ihnen wurde eine Straße benannt: nach Nghia Dung in Hanoi und nach Bui Dinh Tuy in Saigon. Doch was für viele mit dem Tod endete, brachte mir Erfolg. Ich fotografierte während der Lam-Son-Offensive im Jahre 1971.

Danach griff die südvietnamesische Armee in dem verzweifelten Versuch, den Ho-Chi-Minh-Pfad zu sperren, Laos an. Ich war auch dabei, als unsere Truppen 1972 in die Provinz Quang Tri vordrangen und die dortige Zitadelle eroberten. Beide Male gehörte ich zu den wenigen Journalisten, die sich zur rechten Zeit am rechten Ort befanden. Deshalb konnte ich viele Exklusivfotos machen, die in den Zeitungen in Hanoi erschienen.

In Quang Tri wurde am erbittertsten gekämpft. Pausenlos regnete es Bomben. Amerikaner und Südvietnamesen schossen pro Tag 20 000 Artilleriegranaten auf die Zitadelle von Quang Tri, die wir erst im Mai 1972 eingenommen hatten. Die Amerikaner wollten dort keinen Stein auf dem anderen lassen. Oben am Himmel versprühten Flugzeuge chemische Kampfstoffe, die die Festung mit einer giftigen gelben Schicht überzogen. Angesichts dieser Zerstörungswut musste ich um jeden Preis in die Zitadelle hinein, um zu dokumentieren, was dort geschah. Das ganze Land sollte erfahren, welchen Druck der Feind auf unsere Soldaten ausübte. Ich war mit einer Panzereinheit von Norden nach Quang Tri gefahren, und man setzte mich unweit des Schlachtfeldes ab. Auf dem Weg dorthin erhielt ich den Spitznamen »die Fahne«, weil ich ständig für jedermann gut sichtbar aus dem Panzer hing und Bilder machte, selbst wenn wir angegriffen wurden. Bereits im Mai gelang es mir, die Zitadelle kurzfristig zu betreten, bevor der Gegenangriff des Feindes erfolgte.

Es war nicht leicht, in die alte Festung vorzudringen. Die Bomben und Granaten folgten so dicht aufeinander, dass meine Panzereinheit nicht weiter vorankam. Abgesehen von der Gefahr für Leib und Leben hatte unsere Führungsspitze Reportern und Fotografen die Arbeit in der Zitadelle untersagt. Dennoch war ich entschlossen, mich hineinzuwagen. Ich unterbreitete mein Anliegen dem Vorsitzenden der Kommunistischen Partei eines Dorfes, das am Nordufer des Thach Han direkt gegenüber der Festung lag. Er lehnte meine Bitte ab, und ich konnte seine Gründe nachvollziehen. Vom Ufer aus sah man nichts weiter als tiefe, breite Bombenkrater und umgestürzte Bäume. Plötzlich hörte ich unter meinen Füßen Stimmen, die aus einem unserer unterirdischen Bunker drangen. Ich suchte nach dem Eingang des Tunnels und entdeckte dort einige Soldaten. Als ich sie fragte, wie ich in die Zitadelle gelangen könne, erklärten sie mir, dies sei unmöglich, doch könne ich die Verwundeten fotografieren, die über einen nahe gelegenen Fluchtweg fortgeschafft würden. Dies waren allerdings nicht die Bilder, von denen ich träumte. Ich hatte mir in den Kopf gesetzt, den Kampf unserer Soldaten in der Zitadelle zu dokumentieren und wollte Bilder wie jene, die ich wenige Wochen vorher zu Beginn unserer Offensive gemacht hatte. Auf einer dieser Aufnahmen stellten unsere Soldaten eine Siegesfahne auf einer der ersten Gefechtsstellungen auf, die wir von den Südvietnamesen erobert hatten; auf einem anderen Foto deuteten Soldaten lachend auf die Wörter »King of the War«, die auf einem gerade eroberten feindlichen Panzer standen.

Eines Tages, als ich meinen Fall wieder einmal mit zwei Parteifunktionären besprach, hörten zwei Partisaninnen zu und sagten im Spaß: »Wenn dieser dickköpfige Reporter unbedingt in die Zitadelle will, werden wir ihn hinbringen.« Die Frauen, zwei Verbindungsoffiziere, die häufig Nachrichten hinein- und herausbrachten, erboten sich tatsächlich, mich zu führen. Daraufhin ließen mich die Funktionäre endlich gehen. Doch in der Nacht, als wir uns auf dem Weg zur Festung dem Fluss Thach Han näherten, warnten mich die beiden Frauen noch einmal eindringlich vor den Gefahren, die mir drohten. »Der Fluss ist nachts taghell erleuchtet, und es hagelt Bomben und Granaten«, sagten sie. »Wir können leicht dabei umkommen.« Trotzdem kamen wir heil hinüber und erreichten die Zitadelle. Bei meinem ersten Rundgang war das Rathaus innerhalb der Festung noch unversehrt gewesen. Jetzt, bei meinem zweiten Besuch, war alles zerstört. Nur die Soldaten im Innern der Zitadelle lächelten wie zuvor. »Morgen

Hanoi, 1972 Der Fotograf Doan Cong Tinh (ganz rechts) nimmt vor der Offensive von Quang Tri Abschied von seiner schwangeren Frau und ihrer Familie. Vietnamesische Väter pflegen ihren Kindern vor der Geburt einen Namen zu geben, doch Tinh verzichtete darauf, weil er nicht wusste, ob er die Schlacht überleben würde. »Obwohl meine Frau schreckliche Angst um mich hatte, weinte sie nicht«, erinnert sich der Fotograf.

DOAN CONG TINH

werden einige von uns nicht mehr da sein, doch die Zitadelle wird für immer in der Geschichte unseres Landes weiterleben«, sagte einer von ihnen zu mir.

Ein Jahr zuvor, während Saigons katastrophaler Lam-Son-719-Offensive, war ich mit einer Einheit, die unsere Befreiungstruppen verstärkte, zum gerade eroberten Hügel 456 hinaufgefahren, einem Stützpunkt der Südvietnamesen mit Blick auf den Ho-Chi-Minh-Pfad im Süden von Laos. Mit eigenen Augen sah ich damals, welche Niederlage Saigon erlebt hatte. Ich lief über ein Schlachtfeld voller rauchender Panzer, ausgebrannter Fahrzeuge, abgestürzter Hubschrauber und amerikanischer Waffen aller Art. Überall lagen tote und sterbende südvietnamesische Soldaten. Während ich fotografierte, fielen plötzlich wieder Bomben, und Flugzeuge kreisten

über meinem Kopf. Gerade als zwei Maschinen sich näherten, um ihre Bomben abzuwerfen, liefen unsere Soldaten durch diesen Streifen aus Feuer und Rauch. Ich versteckte mich einen Augenblick, dann eilte ich zurück und fotografierte weiter die Silhouetten unserer Befreiungssoldaten, wie sie über das rauchverhangene Feld voller Leichen rannten, die starr und seltsam verrenkt dalagen. Die Schlacht dauerte noch drei weitere Tage. Während dieser Zeit wurde eine südvietnamesische Panzereinheit vollständig zerschlagen, andere Fahrzeuge wurden beschlagnahmt oder von B-40-Raketen zerstört. Mindestens 400 südvietnamesische Soldaten kamen ums Leben. Ich fotografierte alles, auch unsere Soldaten, wie sie auf feindliche Panzer sprangen, wie sie Fahrer und Besatzung gefangen nahmen oder töteten und weitere Ziele angriffen. Nach dem Kampf ergriff ein hoher Offizier meine Hand und sagte mit einem Lächeln zu mir: »Dieser Tage seid ihr auf eure Kosten gekommen. Es tut mir richtig leid, dass ihr nicht genügend Filme dabeihattet, um alles aufzunehmen, was wir euch geboten haben.«

Doch das Fotografieren war nur ein Teil unserer Pflicht. Die meisten von uns mussten ihr Material eigenhändig und auf Schusters Rappen zum Empfänger bringen. Als ich die Zitadelle und die Frontlinie im südlichen Laos verließ, fühlte ich die Verantwortung, die auf mir lastete. Ich musste diese Bilder, die den Kampf für unsere Unabhängigkeit und die Wiedervereinigung dokumentierten, unbedingt so schnell wie möglich nach Hanoi bringen. Solange ich

unterwegs war, trug ich immer ein Testament bei mir, das ich auf ein Stück Papier geschrieben und in mein Bündel mit den belichteten Filmen eingerollt hatte. Dort stand zu lesen: »Falls ich getötet oder verwundet werde, bitte ich darum, dass die beiliegenden Filme so schnell wie möglich zur Armeezeitung *Quan Doi Nhan Dan*, 7 Pham Dinh Phung, Hanoi, gebracht werden.«

Nachdem ich die Front verlassen hatte, lief ich sieben Tage und Nächte fast ohne Unterbrechung, ohne zu essen und zu schlafen, um meine Filme über den Pfad nach Hanoi zu tragen. Ich fuhr per Anhalter und bettelte um eine Mitfahrgelegenheit auf einem der Versorgungsfahrzeuge. Manchmal musste ich die Fahrer bestechen und ihnen meine kostbarsten Besitztümer überlassen. Wie schlecht es mir in dieser Zeit auch ging, ich war nicht bereit, meine Filme einem Kurier anzuvertrauen, der sie vielleicht verloren oder verkauft hätte oder mit ihnen erschossen worden wäre.

Ich arbeitete nicht lange als Kriegsberichterstatter, nur von 1970 bis 1973. Viel Zeit verbrachte ich nicht an der Front, denn wir brauchten lange, um die Linie zu erreichen und um das Material über den Pfad zurück nach Hanoi zu schaffen. Irgendwie glaube ich, dass ich eigentlich immer Kriegsberichterstatter werden wollte. Mit 19 Jahren meldete ich mich freiwillig zur Armee und beendete die Militärakademie 1965 als Artillerieoffizier. Während meiner Zeit an der Akademie kaufte ich einem Klassenkameraden für 30 Dong eine russische Feddeka ab. Eigentlich konnte ich sie mir nicht leisten, denn als Student erhielt ich nur 5 Dong pro Monat. Mein Vater und mein Bruder spendeten aber je 15 Dong und kauften mir die Kamera. Ich brachte mir das Fotografieren selbst bei und machte zunächst briefmarkengroße Abzüge. 1967 diente ich als Propagandaoffizier in einem Militärbezirk. Unter anderem musste ich Artikel für die Armeezeitung schreiben, doch als der Kommandeur merkte, dass ich mich mehr für Fotografie interessierte, gab er mir eine ostdeutsche Praktica. Bald benötigte das Blatt einen Fotografen für die Südfront. Ich meldete mich sofort freiwillig.

Dank der guten Verbindungen meines Vaters hätte ich mich mühelos vom Kampfgeschehen fern halten können. Zu seinen besten Freunden gehörten hohe Offiziere im Rang von Ministern. Die meisten Familien mit guten Beziehungen schickten ihre Söhne zum Studium in ferne Länder, damit sie nicht in der Armee dienen mussten. Doch obgleich ich zu den COCC, den *con ong chau cha* (Söhnen der Mächtigen) gehörte, bestand nie der leiseste Zweifel daran, dass ich an die Front gehen würde. Ich bin sehr stolz darauf, dass meine Familie sich korrekt verhalten hat und ich meinem Land dienen konnte. Ich war zwar in erster Linie Fotograf, doch an der Front war ich auch Soldat. Meine Kamera war meine Waffe, genau wie das Gewehr die Waffe eines Soldaten ist. Wir Fotografen mussten genauso mutig sein wie die übrigen Soldaten.

Soc Trang, 1973 Eine Vietcong-Kämpferin steht im Mekongdelta Wache. »Frauen wie sie gab es während des Krieges fast überall«, betont der Fotograf. »Sie war erst 24 Jahre alt, aber schon zum zweiten Mal Witwe. Beide Ehemänner waren Soldaten gewesen. Für mich verkörperte sie die ideale Partisanin, die bereit war, große Opfer für ihr Land zu bringen.«

LE MINH TRUONG

Provinz Nghe An, 1966 Hmong-Guerillakämpfer bei einem Gefecht unweit des Dorfes Nam Cam in den Bergen im südlichen Zentrum von Nordvietnam. Angehörige dieses laotischen Stammes wurden während des Krieges von allen Seiten, sogar von der CIA, angeworben, weil sie ausgezeichnete Kämpfer waren und hervorragend mit allen Waffen – hier zum Beispiel Pfeil und Bogen – umzugehen wussten.

NGUYEN DINH UU

GEGENÜBER

Vietnamesisch-kambodschanische Grenze, 1972 Partisanen bewachen einen mit vergifteten *Punji*-Stöcken geschützten Außenposten. Die Bambusstäbe wurden geschärft und im Feuer gehärtet. Man versteckte sie an Stellen, auf die feindliche Soldaten vermutlich treten würden. Die Fallen sollten verwunden, nicht töten, denn verwundete Soldaten verlangsamten den Vormarsch ihrer Einheit.

LE MINH TRUONG

Dong Thap Muoi, 1973 Eine Vietcong-Einheit durchquert vorsichtig
ein entlaubtes Sumpfgebiet in der Plain of Reeds (Schilfebene).
Auf derart schwierigem Terrain mit weichem Untergrund und ohne
Deckung kamen die Guerilla-Kämpfer oft pro Tag nur wenige Kilometer
voran. Rückblickend meint der Fotograf: »Ich dachte in solchen
Situationen einfach nicht darüber nach, ob ich Angst hatte.«
LE MINH TRUONG

VORHERGEHENDE DOPPELSEITE

Dong Thap Muoi, Datum unbekannt Vietcong-Kämpfer und Bauern mit
dem Boot in der sumpfigen Plain of Reeds. Das Panoramabild besteht aus
zwei von sechs Bildern, die der Fotograf während eines Gefechts aufnahm.
Er machte die Aufnahmen mit einer Rolleiflex-Porträtkamera, einem großen,
schweren Modell, dass im Krieg nur selten für Fotos verwendet wurde.

MAI LOC

Distrikt Phung Hiep, 1969 Ortsansässige Partisanen eröffnen unweit
von Can Tho, einem Handelszentrum im Mekongdelta, den Kampf.
Rechts liegt ein verletzter Kamerad, die feindlichen Soldaten warten
hinter den Bäumen geradeaus. In dem 68 000 Quadratkilometer
großen Delta lebten Vietnamesen, im Südwesten aber auch zahlreiche
Kambodschaner. In diesem Gebiet gab es besonders viele Anhänger
der Revolution.

LY WAY

Can Tho, 1974 Vietcong der Division Tay Do greifen den Stützpunkt Thuan Nhon an. Die Ehefrau des Fotografen war dabei, als ihr Mann das Foto nachts aufnahm. Sie erinnert sich, dass der Blitz während der Operation gegen amerikanische und südvietnamesische Soldaten keine Aufmerksamkeit erregte, weil ohnehin ständig Leuchtfeuer zu sehen waren.

LY WAY

Cai Nuoc, 1973 Im Mekongdelta führt eine Guerillakämpferin einen gefangenen südvietnamesischen Soldaten ab. Die Vietcong waren gefürchtete Kämpfer. Bei der Schlacht von Ap Bac im Jahre 1963 hatten sie den Südvietnamesen im Verhältnis von eins zu zehn gegenübergestanden und sie dennoch besiegt. Damals kontrollierte der Vietcong mehr Dörfer als die Regierung in Saigon.

VO ANH KHANH

GEGENÜBER

Halbinsel Ca Mau, 1972 Ein südvietnamesischer Soldat ergibt sich einem Vietcong-Kämpfer. »Der Soldat hielt sich im Gebüsch unterhalb eines südvietnamesischen Lagers versteckt, das wir in der Nacht zuvor erobert hatten«, erinnert sich der Fotograf. »Als sie ihn am Morgen entdeckten, war er völlig verängstigt.« Die südvietnamesischen Truppen waren zwar gut ausgerüstet, aber kämpften oft nicht aus Überzeugung.

VO ANH KHANH

Südvietnam, Datum unbekannt Vietcong-Kämpfer liefern sich in der Plain of Reeds im Mekongdelta ein Gefecht mit dem Feind. Dieses Bild ist ungewöhnlich, weil es beide Seiten im Kampf gegeneinander zeigt, die südvietnamesischen Soldaten im Hintergrund und den Vietcong im Vordergrund. Die Partisanen haben den Feind nahezu eingekreist, was vermutlich das Ende der südvietnamesischen Einheit bedeutete.

HOANG MAI

Südvietnam, Datum unbekannt Die Krankenschwester Pham Thi Kim
Lien versorgt einen verwundeten Kameraden in einem Schützen-
graben. In der Regel griffen die Vietcong-Partisanen blitzartig an und
verschwanden dann wieder, doch gelegentlich schufen sie im Umkreis
von Dörfern, die mit dem Regime in Saigon unzufrieden waren,
»befreite Gebiete«, wo sie sich länger aufhielten.
FOTOGRAF UNBEKANNT

Tay Ninh, 1967 Ein bei Duc Hue gefangener und verwundeter südvietnamesischer Soldat liegt im Lager 12 unweit der vietnamesisch-
kambodschanischen Grenze. Der Vietcong machte selten Gefangene,
weil er kaum Einrichtungen zu ihrer Unterbringung besaß. Die Stadt
Tay Ninh gehörte zu den Bastionen der Kommunisten. Hierher kamen
häufig Aufständische, die in Kambodscha Schutz suchten.
LAM TAN TAI

U-Minh-Wald, 15. September 1970 Der kambodschanische Guerilla-Kämpfer Danh Son Huol wurde von einer amerikanischen Bombe verletzt und wird nun in einen provisorischen Operationsraum in den Mangrovensümpfen auf der Halbinsel Ca Mau gebracht, wo der Vietcong einen Stützpunkt unterhielt. Die Szene ist nicht gestellt, sondern fand tatsächlich so statt. Dem Fotografen erschien das Bild jedoch zu irreal, und er veröffentlichte es nie.

VO ANH KHANH

GEGENÜBER

Südvietnam, Datum unbekannt Eine Vietcong-Schauspieltruppe unter-
hält Soldaten an der vietnamesisch-kambodschanischen Grenze. Der
Soldat Huynh Minh Sieng (Zweiter von rechts) hat sich für die Porträt-
aufnahme zu den Schauspielern gesellt. Ähnlich wie die Bob-Hope-
Revuen für die Amerikaner war dieses schlichte Unterhaltungsangebot
für die Vietnamesen von großer Bedeutung.

TRAN NHU

Song Gianh, 1969 Darsteller der Song-Gianh-Truppe treten nördlich
der entmilitarisierten Zone vor einer Artillerieeinheit auf. Unterhaltungs-
programme dieser Art sollten die Moral der Truppen heben.

FOTOGRAF UNBEKANNT

VO ANH KHANH

Ich habe überwiegend im U-Minh-Wald gearbeitet, einem befreiten Gebiet mit Sümpfen,
Mangrovenwäldern und Dörfern im südlichen Mekongdelta unweit meines Geburtsortes. Wir
litten immer unter Angriffen der Amerikaner und Südvietnamesen, doch Ende der sechziger und
Anfang der siebziger Jahre konzentrierte der Feind seine gesamte Schlagkraft auf uns.
Die Amerikaner nannten diesen Feldzug die »U-Minh-Wald-Unkrautvernichtungskampagne«.

Ihr Ziel war es, die Befreiungskräfte in dieser Region vollständig zu
vernichten. Sie wollten einfach den gesamten U Minh mit allen
Häusern und Feldern, mit Vieh und Feldlazaretten zerstören. Aus
ihren Flugzeugen und Flusspatrouillenbooten sprühten sie Agent
Orange, um die Mangrovenwälder, Bambusdickichte und Kokos-
plantagen zu entlauben, in denen unsere Leute und das Volk lebten.
Sie beschossen uns ohne Pause. Große Flugzeuge und Hubschrauber
ließen aus ihren Maschinengewehren einen Kugelhagel auf alles
niedergehen, was sich in dem Gebiet bewegte. B-52-Maschinen warfen bei Tag und Nacht Bomben auf uns ab. Nach einiger Zeit sah die
gesamte Landschaft aus wie am Tag des Weltuntergangs: Überall
standen und lagen geborstene Baumstämme ohne Blätter und Trümmer von Häusern. Ich versuchte, das Bild der Zerstörung und unseren
Widerstand festzuhalten. Unser Volk und der Rest der Welt sollten
erfahren, was die USA taten und wie wir kämpften, um unser Land
zu retten.

   Um gute Bilder zu machen, musste ich auf das erste Geräusch
herannahender Flugzeuge und auf jeden Bericht von neuen Angriffen
reagieren. Das war nicht leicht. In der Regel arbeitete ich mit einer
Guerillaeinheit zusammen. Wir schlichen lautlos mit hochgerollten
Hosenbeinen durch Sümpfe und Morast. Moskitos und Blutegel
machten uns schwer zu schaffen. Meistens gingen wir barfuß, um
festen Halt auf dem glitschigen Boden zu finden. Auf schmalen, mat-
schigen Pfaden mussten sich unsere Zehen wie Krallen festklammern.
Um eine Affenbrücke – eine Konstruktion aus dünnen Bambusstäben
über einem Bach oder Fluss – zu überqueren, mussten wir unsere
Füße so geschickt gebrauchen wie unsere Hände. Während der
Trockenzeit, wenn die Flüsse wenig Wasser führten, musste ich häufig aus dem kleinen Sampan-Wohnboot, mit dem wir uns fortbeweg-
ten, herausspringen und das Boot durch den Morast schieben. Oft
kletterte ich auf Bäume und hielt Ausschau nach dem Feind oder
suchte nach guten Blickwinkeln, um das Ausmaß der Zerstörung zu

fotografieren. Ein falscher Schritt irgendwo auf dem Weg hätte meine
Kamera und damit meine gesamte Arbeit vernichten können. Ein
nasser oder verdreckter Apparat war für einen Fotografen fast noch
schlimmer als eine unbrauchbare Waffe für einen Soldaten, denn
Ersatz war unmöglich zu beschaffen.

   Eines Abends Anfang 1971 ging ich zusammen mit einem
Filmteam mit einer Guerillaeinheit zum Dorf Khanh Lam, wo wir die
Nacht verbringen wollten. Plötzlich hörte ich das Geräusch nahender
Flugzeuge. Wir versteckten uns sofort in einem Schilfdickicht unweit
eines bereits zerstörten Weilers. Nur eine Hand voll strohgedeckter
Hütten standen noch unter kahlen Bäumen. Plötzlich tauchte ein
Zweipropeller-Hubschrauber über einigen Kokospalmen auf, deren
Kronen bereits von Schüssen durchsiebt waren. Wie ein Jagdhund,
der die Fährte seiner Beute aufspürt, begann er langsam über dem
Dorf und uns zu kreisen. Er kam so nahe, dass ich den amerikanischen
Soldaten genau erkennen konnte, der sich hinauslehnte und mit
einem riesigen Maschinengewehr in unsere Richtung zielte.

**Halbinsel Ca Mau,
Datum unbekannt**
Fotograf Vo Anh Khanh in seiner
Heimatregion, dem Mekong-
delta, wo er ab 1961 als Kriegsberichterstatter arbeitete. »Als
die Befreiungsfront gegründet
wurde, wusste ich, wie man
fotografiert. Deshalb wurde ich
als erster Fotograf um Mithilfe
gebeten. Vorher hatte ich ein
eigenes Fotoatelier besessen.
Dort arbeitete ich später, bis ich
in Rente ging.«

VO ANH KHANH

GEGENÜBER

**Halbinsel Ca Mau,
9. Dezember 1970**
Verängstigte Dorfbewohner
klettern im U-Minh-Wald aus
einem zerstörten Unterstand,
den ein amerikanischer Hubschrauber beschossen hat.
Der kleine Zufluchtsraum aus
Lehm und Schilf befand sich
wegen des hohen Wasser-
standes über der Erde und
bot nur wenig Schutz.

VO ANH KHANH

Dann entdeckte er, wonach er gesucht hatte: einen gut getarnten Schutzraum aus Holz und Lehm zwischen zwei Bananenstauden. Der Helikopter flog nun enge Kreise um den Unterstand und ging dabei immer tiefer. Mit einem Mal hagelte es Granaten und Schüsse aus dem Maschinengewehr auf die Hütte. Die Detonationen wirbelten eine Wolke von Staub und Schmutz auf, Feuer und beißender Rauch verursachten Übelkeit. Meine Eingeweide schmerzten, als hätte die Explosion in meinem Körper stattgefunden.

Wir konnten uns nicht länger versteckt halten und dem Zerstörungswerk zuschauen. Neben mir feuerten zwei Partisanen ihre AK-47-Gewehre auf den Hubschrauber ab, der direkt vor uns schwebte. Zur gleichen Zeit sprang ich auf und begann zu fotografieren. Die Soldaten aus dem Helikopter schossen zurück, und für einen Moment kreuzte sich das Feuer wie bei einem tödlichen Duell. Offenbar hatten unsere Männer den Hubschrauber getroffen, der plötzlich an Höhe gewann und davonflog. Durch Rauch und Staub rannten wir zu dem Unterstand und hofften inständig, dass dort kein Unglück geschehen war. Das Dach des Schutzraums war

verschwunden, eine Seite war zusammengebrochen, und die Bananenstauden, die zur Tarnung gedient hatten, waren völlig zerstört. Der ganze Platz sah aus, als ob eine Dampfwalze darüber gefahren sei. Wir gruben mit unseren Händen und fanden, tief im Schmutz verschüttet, tatsächlich Überlebende. Insgesamt gruben wir 17 Dorfbewohner aus, Frauen und Kinder, die zwei Familien angehörten.

Als ich durch den Sucher schaute und Aufnahmen machte, merkte ich, wie Zorn und Kummer mich schüttelten. Ich zwang mich, die Kamera ruhig zu halten. Ich sah, dass die Kinder völlig verängstigt waren und am ganzen Leib zitterten. Sie blickten mich an und schauten dann zurück auf den zerstörten Unterstand. Die Gesichter der Frauen waren lehmverschmiert und ausdruckslos. Sie wirkten benommen und wussten gar nicht recht, ob sie noch lebten oder schon gestorben waren. Die Fotos, die ich von dieser Szene machte, gelangen perfekt. Noch heute sind sie lebendig und sprechen zu uns wie ein Zeuge, der das grauenvolle Geschehen wahrheitsgetreu erzählt.

Quang Tri, 1972 Nordvietnamesische Soldaten ruhen sich vor dem nächsten Kampf aus. In einem Bunker in der alten Zitadelle von Quang Tri lesen sie Briefe von zu Hause. Nachdem die Nordvietnamesen die Festung am 1. Mai im Zuge ihrer Offensive eingenommen hatten, hielten sie einen Sommer lang der feindlichen Belagerung stand. Der Angriff gilt als eine der blutigsten Schlachten des Krieges.
DOAN CONG TINH

GEGENÜBER

Quang Tri, Juli 1972 In den Ruinen der Stadt Quang Tri lässt sich der nordvietnamesische Offizier Cao Xuan Khuong während einer Feuerpause die Haare schneiden. Am 15. September, nach dem Ende der Schlacht, bestand die gesamte Stadt nur noch aus Trümmern. »In Quang Tri wurde am erbittertsten gekämpft«, erinnert sich der Fotograf, der die Schlacht auf ihrem Höhepunkt dokumentierte.
DOAN CONG TINH

Südlaos, 1972 Unweit der strategisch wichtigen Route 9 laufen nordvietnamesische Soldaten über offenes Gelände. Während der Operation Lam Son 719 versuchte der Süden vergeblich, den Ho-Chi-Minh-Pfad zu sperren. Der Fotograf, ein Veteran, der bereits gegen die Franzosen gekämpft hatte, erinnert sich: »Während des Krieges waren wir sehr aktiv. Bei der Arbeit an der Grenze standen wir stets mit einem Fuß im Grab.«

NGUYEN DINH UU

Quang Tri, 1972 Nordvietnamesische Soldaten erkunden nach der
Eroberung von Quang Tri das Gelände um die Ruinen eines ehemaligen französischen Gouverneursgebäudes. Das Panoramabild aus
sieben Negativen zeigt eine Reihe eleganter französischer Kolonial-
bauten. Keiner von ihnen blieb erhalten.

DOAN CONG TINH

GEGENÜBER

Quang Tri, 1972 Nordvietnamesische Truppen stürmen im Rahmen ihrer Offensive die Ruinen von Quang Tri. Die USA hatten fast alle Bodentruppen aus der Stadt abgezogen, und der Norden legte die Offensive bewusst in die Zeit des amerikanischen Präsidentschaftswahlkampfes. Es war bekannt, dass Präsident Nixon angesichts des massiven Widerstandes vieler US-Bürger gegen den Krieg zögerte, weitere Truppen nach Vietnam zu entsenden.

LE MINH TRUONG

FOLGENDE SEITEN

Quang Tri, 1970 Nordvietnamesische Soldaten (links) versuchen eine südvietnamesische Gefechtsstellung in der Zitadelle einzunehmen. Zum Jahresende 1970 waren die USA im Begriff, den Krieg zu »vietnamisieren«. Sie rüsteten die Südvietnamesen aus und überließen ihnen die Verantwortung für die Kämpfe. Südvietnam verfügte zu diesem Zeitpunkt über eine der am besten ausgerüsteten Armeen der Welt.

DOAN CONG TINH

Quang Tri, 1972 Nordvietnamesische Fliegerabwehrtruppen (rechts) beschießen während der Offensive US-Flugzeuge. Links oben lodern weiße Phosphorblitze am Himmel und erleuchten zusammen mit den Gewehrfeuern den nächtlichen Himmel. Die Amerikaner reagierten auf die Eroberung von Quang Tri, indem sie den Hafen von Haiphong verminten und die Bombardements verstärkten.

LE MINH TRUONG

Quang Tri, 1970 Eine nordvietnamesische Artillerieeinheit läuft während eines Bombenangriffs zu einer anderen Gefechtsstellung. »Um uns in Bedrängnis zu bringen, verwendeten die Amerikaner alle möglichen Bombenarten, sogar solche, die wie Perlen auf einer Schnur an Fallschirmen herunterglitten und beim Aufprall begannen, den Boden zu durchpflügen, um unsere Gräben und Tunnel zu zerstören«, erinnert sich der Fotograf.

DOAN CONG TINH

Quang Tri, 1970 Ein nordvietnamesischer Journalist übermittelt
während eines Kampfes gegen eine südvietnamesische Panzerdivision
seinen Bericht.

DOAN CONG TINH

Südlaos, 1971 Nur mit einer Pistole bewaffnet, greift ein Infanterie-offizier der nordvietnamesischen Truppen mit seinen Leuten während der Operation Lam Son 719 eine südvietnamesische Gefechtsstellung auf Hügel 723 an. Der Einmarsch der Südvietnamesen in Laos stand von Anfang an unter einem schlechten Stern. Mit zwei Einheiten stürmten sie gegen vier an Erfahrung und Waffen deutlich überlegene nordvietnamesische Divisionen an.

FOTOGRAF UNBEKANNT

Südlaos, 1972 Nordvietnamesische Soldaten stecken ihre Fahne an einer eroberten feindlichen Gefechtsstellung in den Boden. Der Fotograf erinnert sich, dass Augenblicke wie dieser rasch vorübergingen. Hatten die Nordvietnamesen eine Stellung erobert, tauchten sogleich US-Bomber auf und zerstörten sie, damit die Nordvietnamesen sich nicht darin verschanzen konnten.

DOAN CONG TINH

Quang Tri, Juli 1972 Der nordvietnamesische Soldat Luong Van Bao hält eine entsicherte Granate in der Hand, während ein Sanitäter seine Wunde versorgt. Ein Schrapnell von einem US-Militärschiff hatte Bao am Kopf getroffen und zwang ihn zurückzubleiben. Bis auf drei waren alle Soldaten seiner Einheit ums Leben gekommen, doch da es die Frontlinie zu halten galt, wollte er weiter gegen den Feind kämpfen.
DOAN CONG TINH

Südlaos, 1971 Ein toter südvietnamesischer Soldat mit Panzerabwehr-waffe während der Operation Lam Son 719. »Wie gut ausgerüstet sie auch waren, sie erlitten dasselbe Schicksal«, erinnert sich der Fotograf. Das Gelände war unzugänglich, und wegen unvorhergesehener Regen-fälle verspätete sich die Versorgung durch US-Flugzeuge aus der Luft. Die besten Einheiten des Südens erlitten Verluste von bis zu 50 Prozent.
DOAN CONG TINH

Quang Tri, 31. März 1972 Ein verwundeter südvietnamesischer Soldat steht mit schmerzverzerrtem Gesicht neben einem anderen Gefangenen bei einer von den Nordvietnamesen eroberten Gefechtsstellung. Die beiden Soldaten wurden nach Hanoi gebracht und später freigelassen. »Krieg bedeutet Leid«, sagt der Fotograf. »Genau das wollte ich mit diesem Bild zeigen. Das Gesicht des Verletzten spricht eine deutliche Sprache.«

DOAN CONG TINH

Tay Nguyen, 4. März 1971 In Ngoc Ta Ba gefangene Südvietnamesen erwarten ihr Schicksal. Die Südvietnamesen besaßen weniger Kameradschaftsgeist als die nordvietnamesischen Kämpfer. Sie wurden häufig gegen ihren Willen und auf unbestimmte Zeit in die Armee eingezogen und dienten unter Offizieren, die ihren Posten durch Beziehungen und nicht auf Grund von Leistungen bekommen hatten.

LUONG TAM

GEGENÜBER

Tay Ninh, 1969 Südvietnamesische Kriegsgefangene lauschen einem Vortrag über die Taktiken der Befreiungsfront. Obgleich viele Südvietnamesen nicht hinter dem Krieg standen, kämpften einige Einheiten tapfer und gut, darunter die Luftwaffe und die Marine. Insgesamt verlor die südvietnamesische Armee 243 000 Soldaten und beklagte eine halbe Million Verwundete.

HONG CHI

Südlaos, April 1971

Nordvietnamesische Soldaten
lächeln während der Operation
Lam Son auf Hügel 456 für ein
Erinnerungsfoto in die Kamera.
Wenig später kamen sie ums
Leben. Die Bilder erschienen
später in der Armeezeitung, und
die Mutter eines der Verstorbenen nahm Kontakt mit dem
Fotografen auf, weil sie glaubte,
ihr Sohn sei noch am Leben.

DOAN CONG TINH

Saigon, 1. Mai 1975
Einen Tag nach Kriegsende
fahren nordvietnamesische
Soldaten durch die Menschenmassen vor dem Präsidentenpalast in Saigon. Als die Panzer
mit den Soldaten in die Stadt
rollten, hatten sich die Menschen zunächst aus Angst nicht
aus den Häusern gewagt. Der
südvietnamesische Präsident
Nguyen Van Thieu war bereits
Tage zuvor aus der Stadt
geflohen.
LAM HONG

DIE GEBURT
EINER NATION

5. KAPITEL

Der endgültige Sieg kam überraschend. Im Zuge der massiven Angriffe des Jahres 1972 hatte der Norden ein großes Gebiet erobern können. Danach brach eine Phase relativer Ruhe an. Die Friedensverhandlungen in Paris machten Fortschritte – die Nationale Befreiungsfront wurde anerkannt, und auf dem US-Stützpunkt Camp Davis unweit des Flughafens von Saigon fanden Gespräche über die Zukunft des Landes statt. Vordergründig berei- tete man dort den Austausch von Kriegsgefangenen vor, doch im Grunde vereinbarte man stillschweigend, dass der Vietcong in den bereits befreiten Gebieten regieren durfte. Nun brach eine andere Art von Krieg aus – der Versuch beider Seiten, möglichst viel Land für sich zu reklamieren.

Noch komplizierter gestaltete sich die Lage im benachbarten Kambod- scha. Dort ergriffen die von Hanoi unterstützten Roten Khmer unter ihrem Führer Pol Pot die Macht. Die demoralisierte, korrupte Regierung unter General Lon Nol hatte ihnen wenig entgegenzusetzen. Die USA hatten in Kambodscha nie eine wichtige Rolle gespielt, sondern in erster Linie Waffen, Flugzeuge und Versorgungsguter in das Land geliefert. Dennoch hatte es unter den Roten Khmer während des Krieges Tausende von Gefallenen

Viet-Nam Pictorial, **1975** Die Einnahme von Saigon lieferte eine Fülle von Material für die Zeitschrift. Bilder siegreicher Soldaten und Aufnahmen von Einwohnern der Stadt wurden für diese Seite nebeneinander gestellt.

gegeben; die Überlebenden hatten in den Städten Zuflucht gesucht. Obgleich Nordvietnam Pol Pot zunächst unterstützte, gibt es aus dieser Zeit nur wenige Bilder. Schon bald kam es zu Meinungsverschiedenheiten zwischen Hanoi und seinem einstigen Günstling.

Am 27. Januar 1973 wurde im Hotel Majestic in Paris der Friedensvertrag unterzeichnet. Erst nach massiven Bombardements und der Verminung von Häfen hatte die Demokratische Republik Vietnam dem Abkommen zugestimmt. Am gleichen Tag wurde Oberstleutnant William B. Nolde offiziell zu einem der letzten Kriegsopfer auf US-Seite erklärt. Das Schicksal vieler hundert weiterer Amerikaner blieb ungewiss.

Was folgte, war jedoch zunächst kein echter Friede, sondern eher ein dritter Krieg, in dem es darum ging, möglichst große feindliche Gebiete zu erobern. Im Camp Davis stritten die Parteien über die Freilassung der Kriegsgefangenen, über Territorien, die sie besetzt hielten oder für sich beanspruchten, und über den Status ihrer Armeen. Derweil stieg die Zahl der Opfer; die umkämpften Landesteile und die dort lebenden Menschen standen weiterhin im Mittelpunkt der Auseinandersetzungen. Am 29. März 1973 zogen die letzten 2500 US-Soldaten ab, und 650 amerikanische Kriegsgefangene wurden freigelassen. Aus der Sicht der Vereinigten Staaten war der Krieg damit beendet. Nun, da die Opfer ausschließlich aus den betroffenen asiatischen Ländern stammten, ließ das Interesse des Präsidenten und der Regierung an dem Krieg rasch nach. Kurz zuvor war jedes noch so kleine Gefecht für eine Schlagzeile auf der Titelseite gut gewesen, jetzt erschienen Berichte darüber bestenfalls noch auf den Auslandsseiten. Die westlichen Medien zogen die Mehrzahl ihrer Mitarbeiter aus dem Kriegsgebiet ab. Nach den schweren Kämpfen des Jahres 1972 und dem Austausch der Kriegsgefangenen wandte sich der Westen anderen Themen zu.

In Hanoi wurde dagegen deutlich mehr über den Krieg berichtet als je zuvor. Journalistenteams und einzelne Fotografen konnten nun relativ gefahrlos durch das ganze Land reisen. Es gab verschiedene Büros, die Aufnahmen zuverlässig nach Hanoi übermittelten, und überdies Flugzeuge, die befreite Zonen mit dem Norden verbanden. Alle spürten instinktiv, dass der Krieg in seine letzte Phase getreten war, und ließen sich davon mitreißen. Flugzeuggeschwader aus dem Norden kreisten über den südlichen Landesteilen; am Boden wurden sie von Versorgungsfahrzeugen und deutlich angewachsenen Truppenkontingenten unterstützt. Allein in den neu befreiten Gebieten unterhielt der Norden zwölf Luftwaffenstützpunkte. Nachschublager konnte man nun, da keine Luftangriffe mehr drohten, überall anlegen.

Nördlich der entmilitarisierten Zone verwandelte sich der Ho-Chi-Minh-Pfad auf einer Strecke von 380 Kilometern in eine zweispurige Schotterstraße. Rund um die Uhr führte man nun ohne Behinderungen Instandsetzungsarbeiten durch. Die Journalisten der Vietnam News Agency konnten ihre Berichte per Telefon durchgeben. Erstmals verwendeten die Fotografen Farbfilme, die per Schiff zum Entwickeln nach Hanoi gelangten. Von nun an veröffentlichte das Magazin *Viet-Nam Pictorial* neben den traditionellen farbigen Zeichnungen von Schlachtszenen regelmäßig farbige Titelfotos und Reportagen. Dinh Ngoc Thong, einer von Ho Chi Minhs ehemaligen Fotografen, machte nun ebenfalls Farbaufnahmen. Er dokumentierte die letzten Kriegstage mit den Kämpfen am Rande von Saigon. Nach dem Krieg blieb er Journalist, arbeitete als Herausgeber von *Viet-Nam Pictorial* und wurde später Vorsitzender des Verbandes vietnamesischer Kunstfotografen. Mittlerweile hat er sich aus dem Berufsleben zurückgezogen, doch sein Sohn ist in seine Fußstapfen getreten und fotografiert unter anderem für Vietnams führende Modezeitschrift.

Während des dritten Krieges nahm die Zahl der Veröffentlichungen und Filme im Norden zu. Befreundete Staaten, aber auch japanische und französische Verleger eröffneten Büros in

Hanoi. Nun, da kein Zweifel mehr am Sieg des Nordens bestand, wurde ihm mehr Aufmerksamkeit zuteil als zuvor.

Zunächst begnügte sich der Norden damit, langsam vorzudringen und den ehemals überlegenen Süden in Bedrängnis zu bringen. Die Südvietnamesen waren immer noch mit den neuesten Waffen ausgerüstet; ihre Truppenstärke lag nach wie vor bei rund einer Million. Der Norden wartete einfach ab und zog daraus psychologische Vorteile, denn die meisten Menschen im Süden standen schon deshalb auf der Seite der Nordvietnamesen, weil sie hofften, der Krieg werde mit ihrem Einmarsch ein sofortiges Ende finden. Noch immer versuchte der Süden durch blutige Vergeltungsmaßnahmen das unaufhaltsame Vorrücken des Nordens aufzuhalten.

Der Norden aber hielt sich zurück und versuchte, Zeit zu gewinnen und abzuwarten, ob sich der Gegner an die ausgehandelten Bedingungen hielt. In erster Linie ging es um den Austausch der Kriegsgefangenen und um das versprochene Hilfsprogramm in Höhe von 3,4 Milliarden Dollar, das die USA über fünf Jahre verteilt bereitstellen wollten. Von dieser Summe wurde übrigens niemals ein Cent gezahlt.

Nach der 21. Sitzung des Zentralkomitees im Frühjahr 1974, im Jahr des Tigers, ging der Norden wieder zur Taktik der Angriffe und Gegenangriffe über. Man hatte genug von den Ausflüchten des Südens und begann die strategisch wichtigen Küstenstädte zu erobern. In heftigen Gefechten, die auf beiden Seiten viele Opfer kosteten, wurden Außenposten eingenommen. Besonders nördlich und westlich von Saigon wurde erbittert gekämpft.

Loc Ninh, 1973

Ein südvietnamesischer Militärpolizist überwacht einen Monat nach der Unterzeichnung des Friedensvertrages den Austausch von Gefangenen an der vietnamesisch-kambodschanischen Grenze. Die schwarzen Ränder des Bildes wurden durch eine Fehleinstellung der Kamera verursacht. Der Fotograf hatte im Jahr 1968 während der Tet-Offensive ein Auge verloren und konnte nicht mehr richtig durch den Sucher blicken.

LAM TAN TAI

Mehr noch als zuvor hatten die Fotografen den Eindruck, häufig zur falschen Zeit am richtigen Ort zu sein – oder umgekehrt. Zahlreiche Straßensperren auf allen Zugangswegen zur Hauptstadt erschwerten das Durchkommen im täglich kleiner werdenden Gebiet des Südens ganz erheblich.

In den befreiten Zonen begann man dagegen bereits mit dem Wiederaufbau. Fotografen wie Khanh auf der Halbinsel Ca Mau reisten umher und unternahmen erste Schritte, um die Arbeiten ihrer Kollegen zusammenzutragen. Nun, da man nicht mehr alle Augenblicke um sein Leben fürchten musste, erschienen die Zeitungen wieder regelmäßig, und auch die Zahl der Lokalblätter stieg. Fotos, die tief im Süden aufgenommen wurden, gelangten ohne Schwierigkeiten zur Vietnam News Agency nach Hanoi. Die neue Journalistengeneration arbeitete mit den Ausrüstungen, die man in den befreiten Gebieten gefunden hatte, und allmählich verbesserte sich die Lage. Die Verluste auf beiden Seiten wurden in den Zeitungen im Norden wie im Süden nur beiläufig erwähnt. Im Westen sah man bereits das Unvermeidliche kommen – den Sieg Hanois.

Tran Cu machte am Truong-Son-Pfad in der Provinz Dak Lak ein Foto, das noch kurz zuvor undenkbar gewesen wäre. Drei Lastelefanten bahnen sich darauf zusammen mit einer Schar *bo doi* einen Weg durch den Wald; Einheimische kündigen ihren Vormarsch an. Die Menschen

Nhan Dan, 1. Mai 1975 Das Organ der Kommunistischen Partei verkündet die Befreiung Saigons. Auf dem oberen Foto sieht man den lange zuvor verstorbenen Ho Chi Minh lächeln, als wolle er seine Freude über den Sieg kundtun.

haben keine Furcht mehr und freuen sich darüber, dass die Befreiung voranschreitet. Alle, Männer, Frauen und Kinder, wollen an diesem großen Moment teilhaben.

Die Fotografen mussten ihre Bilder nun zu bestimmten Terminen bei den Zeitschriften und Magazinen abliefern. Da immer mehr Fahrzeuge über den Ho-Chi-Minh-Pfad nach Süden oder in die andere Richtung nach Hause fuhren, konnte man relativ problemlos per Anhalter fahren. Wir westlichen Journalisten hatten dies zu der Zeit, als die Amerikaner noch regelmäßig Waffen und Nachschub in die Kampfgebiete lieferten, in der gleichen Weise praktiziert.

Das Leid und die Opfer des Krieges zu zeigen war unser tägliches Brot. Zeitungsverleger und Öffentlichkeit erwarteten von uns, dass wir die schreckliche Wirklichkeit mit schmerzlichen Bildern dokumentierten. Die vietnamesischen Fotografen blieben ihren eigenen Grundsätzen treu, sie machten nur selten Aufnahmen von jenen Schreckensszenen, durch die wir traurige Berühmtheit erlangt hatten. Sie sollten Kampf und Zusammenhalt ihres Volkes im Dienste der gerechten Sache nach den allgemein akzeptierten Regeln sozialistischer Propagandafotografie ins Bild bringen. Zum Glück gab es unter ihnen genügend Künstler und Freidenker, die diesen allzu engen Rahmen sprengten.

Niemand, weder Russen noch Ostdeutsche noch Chinesen, hatte je daran gedacht, den Vietnamesen eine Horizont-Box, die russische Version der Widelux-Panorama-35-Millimeter-Kamera, zur Verfügung zu stellen. Da die Vietnamesen keine geeignete Ausrüstung besaßen, ließen sie sich die unglaublichsten Improvisationstricks einfallen. Panoramaansichten bestanden in der Regel aus einer Reihe aufeinander folgender Bilder, für die man die Kamera langsam – und in der Regel ohne Stativ – bewegte, um den gewünschten Ausschnitt einzufangen. Die einzelnen Negative klebte man dann zusammen und erstellte von ihnen einen Abzug.

Nghia Dung gehörte zu jenen Fotografen, die Panoramaaufnahmen anfertigten, indem sie Bilder eroberter südlicher Stützpunkte aus den Jahren 1971 und 1972 zusammenschnitten. Furchteinflößend bemalte Artilleriegeschütze in einem Meer von zurückgelassenen Waffen gehören ebenso dazu wie von Schrapnellen zerfetzte, von Sandsäcken notdürftig geschützte Unterstände. Doan Cong Tinhs geradezu mittelalterlich wirkende Szenen zeigen Stacheldraht und tote Soldaten in Einstellungen, die an Bilder aus dem Ersten Weltkrieg erinnern.

Es macht letztlich kaum einen Unterschied, ob man die zerstörerische Macht des Krieges aus kapitalistischer oder kommunistischer Perspektive, aus dem Blickwinkel von Soldaten oder Journalisten fotografiert. Die Botschaft bleibt immer die gleiche: Kriegerische Auseinandersetzungen sind keine Lösung, und jeder, der darin verwickelt ist, wird unweigerlich zum Opfer. Die Trennung zwischen Siegern und Verlierern verschwimmt, Leid und der Kampf ums Überleben treten in den Vordergrund. Die Fotografie ignoriert die Kriegsgründe und enthüllt stattdessen das Ergebnis in allen schrecklichen Details. Denn kein Krieg gibt Anlass zu Freude, bevor er nicht vorüber ist, und zwischen Trümmern und Gräbern fällt es schwer, den wirklichen Sieger zu ermitteln. Die wahren Helden lassen sich schon wesentlich leichter herausfinden. In Vietnam liegen sie zum großen Teil auf den riesigen Märtyrerfriedhöfen, die in nahezu jeder Stadt, in jedem Dorf und an jedem Kriegsschauplatz Erinnerungen wachrufen.

Die Vietnamesen haben sich stets bemüht, ihre Helden und Märtyrer angemessen zu würdigen. Die Namen ruhmreicher Könige und Königinnen, Generäle und Einzelpersonen zieren öffentliche Plätze, man gedenkt ihrer in Büchern und mit Stiftungen. Kürzlich wurden auch die im Krieg verstorbenen Fotografen zu Helden erhoben, und man benannte Straßen in Haiphong und Ho-Chi-Minh-Stadt nach ihnen. Die Fotografen waren Künstler mit Heldenmut und erst in zweiter Linie Soldaten. Die Überlebenden wurden mit Verdienstorden geehrt und genossen in den Nachkriegsjahren gewisse Privilegien.

Die Befreiung vollzog sich überraschend schnell und forderte weniger Opfer als erwartet. Die Armeen kämpften nicht mehr so erbittert gegeneinander wie zuvor. Natürlich flohen Tausende von Menschen in Wellen vor den unaufhaltsam vorrückenden Truppen Nordvietnams. Genau instruierte Führungskräfte der Nationalen Befreiungsfront bereiteten deren Einmarsch vor. Unzählige verängstigte Menschen aus allen sozialen Schichten flüchteten, weil sie den Gerüchten glaubten, die die südvietnamesische Regierung über die Grausamkeit des Feindes gesät hatte. Das Blutbad, das sie befürchteten, fand aber nie statt. Allerdings starben Hunderte bei den letzten Scharmützeln der Nachhut und bei einzelnen Gefechten wie etwa in Xuan Loc nördlich von Saigon. Letztlich wollte aber keiner das letzte Opfer sein. Tote gab es genug – die Menschen zogen es vor, sich auf eine ungewisse Zukunft einzulassen.

Die Nordvietnamesen rückten mit einer Geschwindigkeit vor, die sogar die oberste Heeresleitung überraschte. Die versprengten Reste der südvietnamesischen Armee und Regierung versuchten unterdessen auf überfüllten Schiffen und Wagen ins angeblich sichere Saigon zu gelangen. Nur wenigen gelang die Flucht, doch Bilder von panischen Menschenmassen füllten die westlichen Zeitungen, und wir schämten uns, weil wir sie im Stich gelassen hatten. Einige Wochen später griff die Vietnam News Agency die Bilder auf und veröffentlichte sie ihrerseits.

Die meisten Szenen aus der Zeit der Befreiung spiegeln eher Erleichterung als Angst vor einem Rachefeldzug wider, den westliche Beobachter vorausgesagt hatten. Die Soldaten verhielten sich diszipliniert, die Menschen im Süden wurden in der Regel korrekt behandelt. Die letzten Widerstandszellen konnten sich nicht lange halten, zumal diejenigen, die sie verteidigen wollten, längst geflohen waren. Die Fotografen der Nationalen Befreiungsfront und der nordvietnamesischen Armee konnten sich ungehindert bewegen und – genau wie wir dies zu Kriegszeiten getan hatten – durch die Straßen von Saigon spazieren. Eine der ersten Verfügungen, die der siegreiche Norden erließ, betraf den Namen der Stadt: Zu Ehren von Präsident Ho wurde Saigon in Ho-Chi-Minh-Stadt umbenannt.

Die Panzer, die durch die Palasttore von Saigon fuhren, boten westlichen und vietnamesischen Journalisten die Gelegenheit zu beinahe identischen Fotos voller Symbolkraft. Zurückgelassene Uniformen, Schuhe und Waffen belegten die Endgültigkeit des Sieges. Da die Vertreter der westlichen Presse das Land nach der Niederlage Südvietnams rasch verließen, blieb es dabei, und kaum einer sah die Bilder von südvietnamesischen Offizieren, die sich das Leben genommen hatten.

Als die Glocken der Kathedrale von Saigon endlich den Frieden verkündeten, gingen die Bilder ein letztes Mal um die Welt und riefen all jene zur Besinnung auf, die den langen, traurigen Krieg überlebt hatten.

Da Nang, 29. März 1975

Ein nordvietnamesischer Panzer fährt durch Da Nang, die zweitgrößte Stadt des Südens, in der eine Million Flüchtlinge lebten. Da Nang fiel am nächsten Tag, einen Monat vor Saigon. Die letzte Offensive des Nordens ging immer schneller voran, je weiter die Soldaten nach Süden vordrangen. Auf dem Weg nach Saigon eroberten die Nordvietnamesen eine Stadt nach der anderen.

VIET LONG

Hoa Binh, 1975 Siegreiche Rekruten der nordvietnamesischen Armee ziehen durch die Gebirgslandschaft im Süden von Hanoi. Als der Fotograf das Bild machte, galt er schon als zu alt, um noch mit an die Front zu fahren. Er war aber immer noch in der Lage, Szenen im Stil sowjetischer Propagandafotografie aufzunehmen.

NGUYEN DINH UU

Vorort von Hanoi, 1973 Frauen führen traditionelle vietnamesische Tänze für eine Panzereinheit auf, um die Unterzeichnung des Friedensvertrages von Paris und den Abzug der amerikanischen Streitkräfte zu feiern. »Im Laufe der Kriegsjahre hatten sich die Vietnamesen an das Nebeneinander von hübschen Frauen und Kriegsgerät gewöhnt«, bemerkt der Fotograf.

DOAN CONG TINH

Loc Ninh, 1967 Ein Vietcong-Kämpfer wartet in einem Unterstand am Ho-Chi-Minh-Pfad unweit der vietnamesisch-kambodschanischen Grenze den Regen ab. Gegen Kriegsende stieg die Zahl der Fahrzeuge, die den Pfad passierten, gewaltig an. Schließlich rückten über ein Dutzend nordvietnamesische Einheiten gleichzeitig in Richtung Süden vor.

PHAM KHAC

Provinz Vinh Phu, 1. Januar 1973

Nordvietnamesische Piloten nehmen auf einem abgelegenen Luftwaffenstützpunkt Befehle entgegen. Kurz zuvor hatten die Amerikaner
am Weihnachtstag eine elftägige Offensive begonnen, um den Norden
zu Verhandlungen zu zwingen. Die russischen MIG-Bomber waren
in einer Kalksteinhöhle in den Bergen nordwestlich von Hanoi
stationiert.

DOAN CONG TINH

Hanoi, 26. März 1973

Nach der Unterzeichnung des Friedensvertrages von Paris feiern
nordvietnamesische Marinesoldaten am kommunistischen Jugendtag
im Hang-Day-Stadion ihren Sieg. Nach fast fünfjährigen Verhandlungen einigte man sich auf ein Abkommen, das den USA einen
»ehrenhaften Frieden« zusicherte und ihnen den Abzug der letzten
Truppenkontingente ermöglichte.

MAI NAM

Hanoi, Oktober 1973

Eine Militärparade am Rande von Hanoi zeigt Waffen, die für den letzten, nach Ho Chi Minh benannten Feldzug vorgesehen waren. Derartige Paraden fanden erst nach der Unterzeichnung der Friedensverträge statt, als der Norden keine US-Luftangriffe mehr befürchten musste.

DOAN CONG TINH

Hue, März 1975 Die alte Kaiserstadt Hue ist mit Trümmern und zurückgelassenen Fahrzeugen übersät. Die südvietnamesischen Truppen ließen –
teilweise unbrauchbar gemachtes – Kriegsmaterial im Wert von mehreren
Millionen US-Dollar zurück. Hue fiel am 26. März, vier Tage vor Da Nang.
Der Fotograf dokumentierte die gesamte Ho-Chi-Minh-Kampagne.

LAM HONG PHONG

Da Nang, März 1975 Barfüßige Eroberer – Vietcong- und Milizkämpfer,
die teilweise zum ersten Mal in ihrem Leben eine größere Stadt betreten –
versammeln sich nach der Befreiung von Da Nang auf der Straße. Während
der amerikanischen Besatzung gehörte Da Nang zu den bedeutenden
Militärstützpunkten und Nachschubhäfen. In den letzten Stunden vor der
Einnahme flohen viele Einwohner aufs Meer hinaus.

LAM HONG PHONG

Saigon, 30. April 1975 Nordvietnamesische Soldaten verfolgen amerikanische C-130-Transportmaschinen auf der Startbahn des Luftwaffen-
stützpunktes Tan Son Nhut. Wenige Stunden zuvor hatte man 7100
amerikanische und südvietnamesische Soldaten und Zivilisten vom
Stützpunkt und der US-Botschaft mit Hubschraubern zu wartenden
Schiffen gebracht.
DINH QUANG THANH

Saigon, 30. April 1975 Am letzten Kriegsmorgen schieben Vietcong-Partisanen mit Kriegsmaterial beladene Fahrräder durch einen Seitenarm des Saigon-Flusses. Die nordvietnamesische Armee hatte sich auf einen langen harten Kampf um Saigon eingestellt, doch die Hauptstadt des Südens fiel bereits einen Tag nachdem die Truppen die Außenbezirke erreicht hatten. Nur einige wenige Einheiten leisteten überhaupt Widerstand.

DUONG THANH PHONG

Außenbezirke von Saigon, 30. April 1975 Nordvietnamesische Infanteristen und Panzereinheiten nähern sich der Hauptstadt Saigon auf der Route 1. In Panik geratene Einwohner fürchteten, die Nordvietnamesen würden die Stadt in Schutt und Asche legen, doch nichts dergleichen geschah. Die USA hatten sich mit dem Fall des Regimes, das sie so lange unterstützt hatten, abgefunden und ergriffen keine Maßnahmen zur Verteidigung von Saigon.

THANH HAI

Außenbezirke von Saigon, 30. April 1975 Zurückgelassene Armee-
stiefel belegen, dass das Ende der einst ruhmreichen südvietnamesischen Armee besiegelt und der Krieg vorbei ist. Die Soldaten warfen
ihre Uniformen in der Hoffnung fort, man würde sie für Zivilisten
halten und verschonen. »Ich machte dieses Bild aus dem hinteren
Teil eines fahrenden Wagens heraus«, erinnert sich der Fotograf.
»Ich wollte das Zentrum von Saigon so rasch wie möglich erreichen.
Ich war einfach nur glücklich.«

DUONG THANH PHONG

Saigon, 30. April 1975 Bürger der Stadt strömen auf die Straßen, um einrückende Panzer zu begrüßen. Zahlreiche Menschen versuchten aber durch die Freudenkundgebungen auch ihre eigene Verstrickung ins Kriegsgeschehen zu verbergen. In der Folge wurden viele, die der südvietnamesischen Armee oder Regierung nahe gestanden hatten, für mehrere Jahre in Umerziehungslager geschickt.

DINH QUANG THANH

Saigon, 30. April 1975 Ein Panzer rollt durch die Vororte von Saigon zum Präsidentenpalast. In den Jahren nach dem Krieg regierten die Sieger aus dem Norden den Süden mit eiserner Faust. Zu dem Blutbad, das viele Südvietnamesen befürchtet hatten, kam es jedoch nicht.

NGOC THONG

Saigon, 30. April 1975 Nordvietnamesische Panzer beziehen auf dem Gelände des Präsidentenpalastes Stellung. Bui Tin, der den Einmarsch für die nordvietnamesische Armeezeitung dokumentierte, war bei der Einnahme des Palastes der ranghöchste Offizier. An die ängstliche Delegation, die den Feind im Palast erwartete, richtete er folgende Worte: »Ihr habt nichts zu befürchten. Wenn ihr euer Vaterland liebt, solltet ihr euch freuen. Der Krieg um unser Land ist vorbei.«
DINH QUANG THANH

NACHWORT

Wenn man einmal als Fotograf im Krieg war, verlieren alle übrigen Storys an Bedeutung. Wer sich an der Front aufhält, kennt keine Rangliste von wichtigen und unwichtigen Ereignissen. Das Überleben wird zum vordringlichen, ja einzigen Ziel. Gefühle hebt man sich für später auf, für einen besseren Moment. Das Dasein im Krieg kennt keine Nuancen, nur Schwarz und Weiß, Tod oder Leben. Später erinnert man sich kaum noch an Farben und Schattierungen und verdrängt das Leid. Es ist schwer, jenes Gefühl loszuwerden, das Brando in *Apocalypse Now* so treffend beschreibt: »Ich fühle mich wie eine Schnecke auf einer Rasierklinge.« Kein Film vermag die Angst und das Grauen des Krieges wirklich fassbar zu machen. Eine Einstellung ist vorbei, dann kommt die nächste, und alles geht seinen Gang. Wir Fotografen haben das Privileg, tief in die profansten Augenblicke der Menschheit einzudringen. Wir halten es für unsere Pflicht, diese Momente für jedermann und auch für nachfolgende Generationen sichtbar zu machen, und hoffen, dass die Menschen dadurch lernen, auf sinnlose Gewalt zu verzichten.

Unterdessen geht das Leben weiter. In Vietnam gestalten sich die Dinge nicht so einfach. Die meisten Kriegsfotografen haben sich aus dem aktiven Berufsleben zurückgezogen, auch wenn sie natürlich nach wie vor fotografieren, Bilder entwickeln und Abzüge anfertigen. Sie sind noch immer Meister der Technik. Ihre Motive machen deutlich, wie sehr ihre verletzten Seelen nach Schönheit und Ruhe suchen. Die Fotos von hübschen jungen Frauen und friedlichen Landschaften erinnern an die traditionelle vietnamesische Bildgestaltung. Dem heutigen Fotojournalismus in Vietnam fehlt dagegen der tiefere Inhalt und Sinn. Das Unbehagen darüber überdeckt der Kommerz. Innovative Fotografie ist nicht übermäßig gefragt, freie, selbstständige Fotografen können sich in einem Staat, der sich mit Reformen schwer tut, kaum behaupten.

Gleich einem Wiederholungstäter zieht es mich immer wieder nach Vietnam. Mir fällt auf, wie mühevoll die Vergangenheitsbewältigung sich dort gestaltet, und allmählich wird mir klar, dass ich mich in einer ganz ähnlichen Situation befinde wie die Menschen dort. Es war heilsam, die Bilder und ihren Entstehungshorizont zu analysieren, denn oft lösten die Aufnahmen in mir heftige Gefühle aus und förderten versteckte Ängste und Erinnerungen zu Tage. Durch die Offenheit der Vietnamesen spürte ich meine eigene Verletzlichkeit besonders deutlich, was mir nicht unbedingt angenehm war. Andererseits haben die Anerkennung und der Respekt, die wir uns gegenseitig bekundeten, ein neues Verhältnis begründet, das langsam Gestalt annimmt, wie eine Lotusblüte, die sich öffnet. Der Stolz darüber, dass die Konflikte beigelegt sind und der Friede an ihre Stelle getreten ist, prägt auch viele Fotografien.

Das nebenstehende Bild spricht in diesem Zusammenhang eine deutliche Sprache. Zwei alte Frauen schließen sich in die Arme, sie haben die Kluft überwunden, die der Krieg geschaffen hatte. Für das Volk jedenfalls spielt die Wiedervereinigung offensichtlich eine wichtigere Rolle als die Befreiung.

Südvietnam, Mai 1975 Zwei alte Frauen aus Nord- und Südvietnam umarmen sich voller Glück. Sie haben die Wiedervereinigung Vietnams und den Abzug fremder Besatzungsmächte erleben dürfen. Etwa 160 vietnamesische Fotografen verloren im Krieg gegen Franzosen und Amerikaner ihr Leben. »Die Überlebenden werden Zeitzeugen genannt«, sagt Doan Cong Tinh. »Ich weiß nicht, ob wir selbst Zeugen sind, aber unsere Bilder sind es mit Sicherheit. Viele Fotografen bezahlten ihre Aufnahmen mit ihrem Blut.«

VO ANH KHANH

REGISTER

DANKSAGUNG

Als ich zum ersten Mal nach Hanoi reiste, träumte ich davon, Fotos für ein Buch zu sammeln. Vermutlich wäre ich nie aufgebrochen, wenn Mila Rosenthal, Pham Hoat, Lam Tan Tai und Lac Moreau mir nicht Mut gemacht und geholfen hätten.

Die Gemeinschaft der ehemaligen Kriegsfotografen in Vietnam nahm mein Vorhaben von Anfang an positiv auf. Mein besonderer Dank gilt Mai Nam, Le Minh Truong, Dinh Dang Dinh, Doan Cong Tinh, Hoang Kim Dang, Vo Anh Khanh, Vu Ba, Nguyen Dinh Uu, Ngoc Thong und dem Kameramann Pham Ngoc Quynh.

Sowohl die Vietnam News Agency (VNA) als auch der Verband vietnamesischer Kunstfotografen (VAPA) sagten mir ihre Unterstützung zu und öffneten mir viele Türen. Danken möchte ich vor allem Ha Mui, Nguyen Toan Phong, Nguyen Thi Tuyet Mai, Van Bao, Pham Quang Hien, Nguyen Duc Chinh, Ho Van Tay, Xuan Quang, Ngoc Can, Thanh Tu, Dao Duy Can, Pham Toan, Dinh Quang Thanh und Le Phuc. Gern habe ich auch mit den Laborfachleuten Pham Cong Thuc, Nguyen Viet Hoa, Nguyen Viet Cuong und Ho The Sang zusammengearbeitet.

Der Fotograf Trong Thanh verbrachte während des Krieges fünf Jahre am Ho-Chi-Minh-Pfad. Er erzählte mir seine Geschichte und überließ mir sein Material. Leider kam er im Jahre 2000 auf tragische Weise in seinem Büro in Hanoi ums Leben.

Frau Kien und Linh Phuong erlaubten mir, die Archive ihrer verstorbenen Ehemänner zu benutzen, und haben dadurch den vorliegenden Band um viele Fotos bereichert.

Ohne die großzügige finanzielle Unterstützung von Robert Bingham, Eric Tunis, Bob Ellis, der Gerbode Foundation, Sam Haskins, Maryanna Haskins, Tom Robertson, Jody Jahn, Laura Niven, Janet Swords, Peter Swords, Samuel und Leila Hall sowie Brad Niven hätte der Band nicht entstehen können.

Mein Dolmetscher Chau Doan war mir eine große Hilfe und ein guter Freund. Danken möchte ich ferner Seth Mydans, Richard Vogel, der Indochina Media Memorial Foundation (Bangkok), den Mitarbeitern von Laser Light Photographics (Aptos, CA), Photo Imex (Bangkok), Print Story (Bangkok), Phil Lippincott bei Aztek Imaging, der alt-photo-process mailing list, Nic Dunlap, Tom McCarthy, Sara Colm, David Chandler, William Duiker, Carleton Swift, Jonathan Drake, Mark Gelinas, Chas Rubin, Niki Thongborisut, Andrew Todhunter, Dave Clark, Brian Bregar, Anya Schiffren, Bertrand de Hartingh, Bui Tin, Duong Trung Dung, Tran Luan Kim, Trinh Dinh Tien, Nguyen Thi Phung, Tini Tran, Martin Flitman und David Vanderveen sowie Tom Layton, Ron Moreau, Peter Maguire und Samantha Marshall.

Mein besonderer Dank gilt meiner Agentin Carol Mann. Die Fotografen Philip Jones Griffiths, Greg Davis, Horst Faas und Daniel Schwartz standen mir mit Rat und Hilfe zur Seite.

Das Restaurant Mediterraneo (Hanoi), das Café Au Lac (Hanoi) und das Restaurant 13 (Saigon) bescherten mir genussreiche Stunden. Personal und Management des Desyloia Sunway in Hanoi und des Grand Hotel in Saigon machten meine Arbeit in Vietnam zum Vergnügen.

Ohne das wachsame Auge von Bill Marr und die Schlusskorrektoren Karen Kostyal, Becky Lescaze, Paul Martin und Martina Nicolls würde das Buch nicht in seiner heutigen Form vorliegen. Doug Oldfield, Agnes Tabah und Ken Bouy danke ich für ihren juristischen Rat.

Carol Livingston machte mir Mut und war als Freundin für mich da, wenn ich es am dringendsten brauchte. Auch ihr danke ich von Herzen. Meine Frau Saowalak »Pum« Niven hielt mit mir bis zum Ende durch.

Ein besonderes Dankeschön geht an Lisa Lytton für ihre Geduld, Offenheit und klare Sichtweise der Dinge. Ungeachtet aller Schwierigkeiten hat mir die Arbeit viel Freude bereitet.

Doug Niven

Mein besonderer Dank gilt: Photo Archive Group; Michael Perkins; Jeff Apostolou; Bob Ellis; Joan Bernstein; Robert Bingham; dem Lucius and Eva Eastman Fund; Don Riley; Robert und Danielle Levy; Michael Hess, ehemals Saunders Group; Steve und Nancy Einhorn, Freestyle Sales (Los Angeles); Thai Airways International; Light Impressions; Ann Colburn; Tori Lyon; Yvonne Yang; Martin Flitman; Chaz Rubin; Charles Melcher; Pham Hoat; Ha Mui; Nguyen Toan Phong; Nguyen Thi Tuyet Mai; Lam Tan Tai; Pham Cong Thuc; Ho The Sang; Nguyen Viet Hoa; Bui Xan Hui; Tin Nghia und Chuck Nyguen.

Der größte Dank gebührt den genannten und den unbekannten Fotografen, die den Mut hatten, während des Krieges zu fotografieren.

Chris Riley

Titel der amerikanischen Originalausgabe:
ANOTHER VIETNAM:
Pictures of the War from the Other Side
Tim Page

Veröffentlicht von der National Geographic Society,
Washington, D.C., 2002, alle Rechte vorbehalten

Copyright © 2002 Doug Niven und Tim Page

Deutsche Ausgabe veröffentlicht von G+J/RBA Hamburg 2002
Übersetzung: Dr. Marion Pausch

Koordination/Redaktion: Carlo Lauer/CLP
Redaktionelle Mitarbeit: Dr. Thomas Pago für CLP
Satz: Dunz-Wolff GmbH
Titelgestaltung: Lutz Jahrmarkt
Produktion: Ursula Stahl
Druck und Verarbeitung: Brepols, Turnhout
Printed in Belgium
ISBN 3-934385-65-6

Die National Geographic Society wurde 1888 gegründet,
um »die geographischen Kenntnisse zu mehren und zu verbreiten.«
Seither unterstützt sie die wissenschaftliche Forschung und informiert
ihre mehr als neun Millionen Mitglieder in aller Welt.

Die National Geographic Society informiert durch Magazine, Bücher,
Fernsehprogramme, Videos, Landkarten, Atlanten und moderne Lehrmittel.
Außerdem vergibt sie Forschungsstipendien und organisiert den Wettbewerb
National Geographic Bee sowie Workshops für Lehrer.

Die Gesellschaft finanziert sich durch Mitgliedsbeiträge
und den Verkauf der Lehrmittel.

Die Mitglieder erhalten regelmäßig das offizielle Journal
der Gesellschaft: das NATIONAL GEOGRAPHIC-Magazin.
Falls Sie mehr über die National Geographic Society, ihre Lehrprogramme
und Publikationen wissen wollen: Nutzen Sie die Website unter
www.nationalgeographic.com.
Die Website von NATIONAL GEOGRAPHIC Deutschland
können Sie unter
www.nationalgeographic.de
besuchen.

ABBILDUNGSNACHWEIS: Seite 12, 24, 38, 39, 49, 56, 58, 61, 77, 80, 81, 84, 86, 90–96, 98–99, 101, 106–107, 121,
123, 130–131, 134–135, 140–144, 164–165, 170–172, 176, 177, 194–195, 202, 207, 209, 211, 216–217, 222–224,
228–229: Vietnam News Agency. **Seite 14–21:** Porträts von Chau Doan. **Seite 23:** Bettmann/CORBIS. **Seite 24–25,** Zeit-
tafel: Public Broadcasting Service (PBS), Battlefield Vietnam Website (pbs.org/battlefieldvietnam). **Seite 26, 28, 32, 46,
48, 50, 108, 110, 112, 152, 154, 208, 210:** Viet-Nam Pictorial; Ausschnitte: Tim Page. **Seite 34–35, 42–43, 52–53,
74–75, 114–115, 126–127, 156–157, 178–179:** Mündliche Berichte, aufgezeichnet und übersetzt von Ron
und Lac Moreau.